Michael Feindler

Rufe aus dem Publikum

Gedichte.

Michael Feindler

Rufe aus dem Publikum

Gedichte.

Lektora

Lektora, Paderborn

Erste Auflage 2009

Alle Rechte vorbehalten
Copyright 2009 by

Lektora
Fürstenbergstraße 21 a
33102 Paderborn
Tel.: 05251 6886809
Fax: 05251 6886815

Druck: docupoint, Magdeburg
Covermotiv: Julia Tautz, Sebastian Fischbach,
Michael Feindler
Coverdesign: Carina Schäffer
Layout Inhalt: Lektora, Paderborn

Printed in Germany

ISBN: 3-938470-23-2

Über den Autor:
Michael Feindler, geboren 1989 in Münster, lebt seit 1992 in Wuppertal, wo er seit einigen Jahren regelmäßig Ideen in Versform zu Papier bringt. 2004 gehörte er zu den Gründungsmitgliedern des Kabaretts Notbremse, mit dem er bereits fünf Programme geschrieben und aufgeführt hat. Daneben steht er häufiger bei Poetry Slams (modernen Dichterwettstreiten) auf der Bühne und gewann so u. a. den Karl-Marx-Poesie-Preis der Stadt Trier 2008. Ab Oktober 2009 wird er Philosophie und Politik in Berlin studieren.

Für Günther

Ein besonderer Dank gilt:
Meiner Familie, auf die ich mich jederzeit verlassen kann,
wenn ich sie brauche; Günther Schütte für freundschaftli-
chen Rat, konstruktive Kritik und Unterstützung in vielerlei
Hinsicht; Armin Eichhorn, dem treuen und aufmerksamen
Leser; Robin Meis und allen Mitgliedern des Kabaretts Not-
bremse 2004–2009; Sebastian Fischbach mit seinem Blick
für stilvolles Grafik-Design; Anne Strotmann, meiner ersten
Lektorin bei der Schülerzeitung, die stellvertretend für all
diejenigen steht, die mich während meiner Schulzeit bekräf-
tigt haben, weiterhin Gedichte zu schreiben; den Menschen
von der Schülerakademie in Hilden 2007 und Gisela Burk,
die es mir überhaupt erst ermöglicht hat, dort zu sein; allen,
die mich in den vergangenen Jahren durch Gespräche,
Kommentare, Applaus oder anderweitig ideell unterstützt
haben; und natürlich den Menschen, die jede Menge Inspi-
rationsmaterial geliefert haben – ob wissentlich oder eher
unfreiwillig.

„Zum Glück gibt es noch ein oder zwei Dutzend Lyriker –
ich hoffe fast, mit dabei zu sein –, die bemüht sind, das Ge-
dicht am Leben zu erhalten. Ihre Verse kann das Publikum
lesen und hören, ohne einzuschlafen; denn sie sind seelisch
verwendbar. Sie wurden im Umgang mit den Freuden und
Schmerzen der Gegenwart notiert; und für jeden, der mit der
Gegenwart geschäftlich zu tun hat, sind sie bestimmt. Man
hat für diese Art von Lyrik den Begriff *Gebrauchslyrik* er-
funden, und die Erfindung beweist, wie selten in der jünge-
ren Vergangenheit wirkliche Lyrik war. Denn sonst wäre es
jetzt überflüssig, auf ihre Gebrauchsfähigkeit wörtlich hin-
zudeuten."

Erich Kästner in einer Zwischenbemerkung zum
Gedichtband „Lärm im Spiegel"

Inhaltsverzeichnis

Vorbemerkung

Werte Leserschaft!

Fünf Dinge solltet ihr euch durch den Kopf gehen lassen, bevor ihr weiterblättert:

1. Das vorliegende Buch ist weder ein Unterhaltungsroman noch eine Ergänzungsausgabe zum Knigge oder die verschollene Autobiographie von Napoleon Bonaparte. Nichts dergleichen. Stattdessen gibt es auf den folgenden Seiten Gedichte zu lesen. Jawohl: Lyrik. Verse, die sich dagegen wehren, mit Balladen- und Interpretationstraumata aus der Schulzeit in eine Schublade gesteckt zu werden. Mal ernst, an anderer Stelle eher komisch. Ab und zu nachdenklich gestimmt, dann wieder in ironischem Tonfall.

2. Wer in der Zusammenstellung der Gedichte nach einer thematischen Ordnung sucht, wird kaum fündig werden. Die bunte Mischung ist beabsichtigt und sorgt für die nötige Abwechslung, wenn jemand auf den Gedanken kommen sollte, das Buch vorne anzufangen und bis zum Ende chronologisch durchzulesen.

3. Selbstverständlich darf in diesem Buch auch nach Lust und Laune geblättert und gelesen werden, ohne dass man sich an eine chronologische Vorgehensweise hält. Je nach dem, in welcher Stimmungslage man sich gerade befindet und welche Verse das am besten zum Ausdruck bringen.

4. Dieser Gedichtband ist ein Gebrauchsgegenstand. Nehmt ihn mit auf Urlaubsreisen, lest Freunden und Feinden daraus vor, lasst die Verse auf euch wirken, konsumiert sie im Bus, in der Straßenbahn, im Zug, im Bett, im Garten, in der Küche, im Dorf, in der

Großstadt, in der Kneipe, in der Oper, auf dem Balkon, in der Schule, im Hörsaal, auf dem Rathausvorplatz, in der Diskothek oder im Bundestag. Hauptsache, das Buch staubt nicht in irgendeinem Regal ein und vermittelt nicht den Eindruck, nichts mit dem Leben da draußen zu tun zu haben. Das wäre nämlich falsch. Lyrik kann durch kunstvolle und gleichzeitig prägnante Darstellungen wie keine zweite literarische Form viele Aspekte des Lebens auf den Punkt bringen.

5. Leichte stilistische Unterschiede innerhalb der Gedichte-Zusammenstellung sind auf die Entstehungsdaten zurückzuführen. Die ältesten Verse in dem vorliegenden Buch stammen vom Sommer 2004, die jüngsten vom Herbst 2008. Anfangs dienten sie als unterhaltsame Abwechslung in langweiligen Schulstunden und wanderten quer durch die Bank, später fanden sie den Weg auf die Bühne. Somit lässt sich der Gedichtband als eine Bilanz dieser Jahre bezeichnen.

Auf geht's!

Michael Feindler, im Februar 2009

Rufe aus dem Publikum

Kein Mensch erinnert sich daran,
wann das Theaterstück begann.
Es läuft seit Jahren ohne Pause
in einem riesengroßen Saal
vor einer ziemlich hohen Zahl
an Menschen, die sind hier zu Hause.

Die Bühne ist gefüllt mit Leuten,
die sich noch nie vor Trubel scheuten;
es sind die Macher von dem Stück.
Sie reden aufeinander ein,
denn einflussreich will jeder sein
zu seinem eig'nen Zweck und Glück.

Man schreit sich an, denn alle wollen
natürlich nur die besten Rollen.
Der Streit scheint bald zu eskalieren.
Wer Gelder hat, kommt sehr viel schneller
an einen Part als Hauptdarsteller
und hat fast gar nichts zu verlieren.

Die Techniker im Hintergrund
beachten stets, zu jeder Stund,
dass Licht die Bühne hell bestrahlt;
und sie bestimmen bei dem Stücke,
wen man ins rechte Lichte rücke.
(Am liebsten den, der sie bezahlt.)

Der Stuhl des Regisseurs ist leer,
doch dafür stehen umso mehr
erzürnte Männer drumherum.
Man hört sie lautstark diskutieren:
Wem steht es zu, Regie zu führen?
Sie sind zu keinem Zeitpunkt stumm.

Das Publikum ist erstens: groß
und zweitens: meistens teilnahmslos.
Ein Schnarchen tönt aus manchen Ecken;
und Leute, die sich unterhalten,
sind häufiger als die Gestalten,
die int'ressiert die Hälse recken.

Den Zuschauern ist oft egal,
was man hier spielt in jenem Saal,
es sei denn, Folgendes passiert:
Ein fieser Hauptdarsteller kürzt
die Brotration – dann ist bestürzt,
wer dies am eig'nen Leibe spürt.

Wer's finanziell sich leisten kann,
sitzt nahe an der Bühne dran
und wirkt auf das Geschehen ein.
Zwar könnte auch der Rest was sagen,
doch diesen hört man selten klagen.
Meist schweigt er in den hint'ren Reih'n.

Nur ab und zu geschieht es dann,
dass irgendwo im Saal ein Mann
vom Platz aufspringt und wütend ruft:
„Die Ordnung fehlt seit langer Zeit!
Ich fordere mehr Menschlichkeit!"
Er wird als Spinner eingestuft.

„Ihr Deppen!" ruft er. „Ihr Idioten!
Hier wird zum Teil ein Mist geboten,
der dumm ist! Das zerstört das Stück!"
Da schallt es von der Bühne aus:
„Sei still, du Narr! Du fliegst gleich raus!"
Der Mann sinkt auf den Stuhl zurück.

Und neben ihm auf einem Platz,
da sitzt ein Kind, das sagt den Satz:
„Was ist das für ein Chaos, Vater?"
Die Antwort wird sogleich gegeben –
der Mann sagt: „*Das hier* ist das Leben.
So geht es zu im Welttheater!"

Deutscher Stolz

Ein Deutscher sprach mit stolz geschwellter Brust:
„Wir tragen täglich kiloweise Kohlen!
Wir haben viel geforscht und viel gewusst
und auch geschafft, den Oscar uns zu holen!

Von *uns* stammt Chemisches wie Aspirin,
wir haben erste Autos *hier* gebaut,
entdeckten Neues in der Medizin ...
Ach, Vieles hat sich bei uns angestaut!

Ein Komponist wie Bach schuf hier sein Werk,
wir pflegen seit Jahrhunderten Kultur;
die Zugspitz' ist ein wahrlich hoher Berg
und Goethe hinterließ hier seine Spur.

Nicht zu vergessen sind Papst Benedikt
und Martin Luther – beides deutsche Männer!
Und Fußballsiege sind uns oft geglückt
und Deutsche sind beim Stichwort Bier die Kenner.

Wir hatten Nietzsche, Schopenhauer, Kant,
Marlene Dietrich und den Götz George,
wir tragen dieses wunderbare Land
und für die großen Dinge auch die Sorge."

All das erzählte jener Deutsche lang,
er sprach von „wir" und fühlte sich als Held,
sobald ein Landsmann einen Sieg errang.
Nur eins verschwieg der Deutsche vor der Welt:

Er selbst war beim Finanzamt eingestellt.

Warnung vor falschen Schlüssen

Vor falschen Schlüssen solltet ihr euch hüten.
Es ist mit Folgendem schon viel getan:
Ihr müsst begreifen: Milch kommt nicht aus Tüten
und Wasser nicht aus einem Wasserhahn.

Das Heu für Kühe wächst nicht in den Scheunen
und Daunenfedern kommen nicht aus Kissen,
die Herde Schafe wächst nicht hinter Zäunen
und es entsteht in Büchern nicht das Wissen.

In Mauern sind die Steine nicht entstanden,
aus Böden wächst auch keine Schienenstrecke,
das Salz war vor den Streuern schon vorhanden
und Holz wächst nicht im Baumarkt an der Ecke.

Tomaten wachsen nicht in den Regalen,
genauso wenig wie ein Ei in Kisten
und frisches Obst entsteht auch nicht in Schalen.
Es ist zu viel, um alles aufzulisten.

Nur selten stirbt ein Mensch erst beim Begräbnis.
In diesen Worten steckt der gute Rat:
Denkt *nicht*, der Anfang sei gleich dem Ergebnis,
seht nicht im Anlass schon das Resultat.

Die meisten sagen, sie vergäßen's nie,
weil sie das alles längst verstanden hätten.
Doch *das* scheint fraglich. Weshalb suchen sie
die Liebe immer noch zuerst in Betten?

Der Geist ist frei

Der Geist ist frei und hat sich zu bewegen!
Ihr könnt euch früh genug zur Ruhe legen.
Der Tod kommt schneller als die meisten glauben.
So lange sollt ihr nicht am Ort verharren
und perspektivlos in die Gegend starren.
Denn es ist sinnlos, einfach einzustauben.

Ihr werdet noch zuletzt am Leben scheitern,
wollt euren Horizont ihr nie erweitern!
Blickt in die Welt und seid nicht so beschränkt!
Gebt eurem Geist die Chance sich zu entfalten,
der Durst nach Neuem bleibe stets erhalten,
weil sonst der triste Alltag euch bedrängt.

Strömt euren Geist an allen Orten aus
und zieht mit ihm in diese Welt hinaus!
Zuallerletzt sollt ihr ihn weitergeben
an jene Menschen, die ihr liebt und schätzt.
Das macht euch glücklich, denn dann wisst ihr: Jetzt
kann dieser Geist auf ewig weiterleben!

Kriegsmärchen

Es war einmal ein Offizier,
der sprach zu einem Heer Soldaten:
„Vernichtet alle andern Staaten,
denn Krieg steht wieder vor der Tür!

Genauso, wie den Feind im Süden,
erstecht den Gegner hoch im Norden!
Man zittere vor unsern Horden!
Zerstört das letzte Bisschen Frieden!"

Er rief es laut, mit stolzem Blick,
die Stimme voller Euphorie.
„Zwingt alle Feinde in die Knie
und kehrt mit einem Sieg zurück!"

Da sagte jemand unbefangen:
„Wir wollen niemanden erschießen
und sinnlos Menschenblut vergießen.
Uns ist die Lust am Krieg vergangen."

Das war der allergrößte Spott,
den je der Offizier erfahren.
In seinen zwanzig Arbeitsjahren
gab's niemals einen Kriegsboykott.

„Gehorcht!" ertönte bald sein Brüllen.
„Verweigerung ist Hochverrat!"
Es widersprach ihm ein Soldat:
„Wir haben einen *eig'nen* Willen."

Historisch wirkte diese Stunde,
hier war Unmögliches passiert.
Der Offizier schien irritiert
und schaute hilflos in die Runde.

Er gab sich irgendwann geschlagen,
denn *er* war in der Unterzahl.
Ihm blieb jetzt keine and're Wahl,
als alle Kämpfe abzusagen.

So siegte die Soldatenseite
mit frischem Pazifismus-Wind,
und wenn sie nicht gestorben sind,
dann herrscht der Frieden auch noch heute.

Anmerkung:
Es weiß doch wirklich jedes Kind,
dass Märchen bloß erfunden sind!

Das Arbeitsmensch

Als Arbeitsmensch gilt jenes Tier,
das sich – wie schon der Name sagt –
mit Leidenschaft (bis hin zur Gier)
für Tätigkeit und Arbeit plagt.

Aufs Tier ist immerzu Verlass.
(Bei großen Dingen sowieso.)
Es macht mal dies und macht mal das
und fühlt sich heimisch im Büro.

Das Arbeitsmensch ist engagiert,
es ist ein Freund der Karriere
und im Beruf stets motiviert.
Es kennt nicht *eine* Barriere.

Es ist verplant zu jeder Zeit
und will auch immer alles geben.
Doch damit kommt es nicht sehr weit.
Denn eins vergisst es glatt: zu leben.

An Hilde

Oh Hilde, schönes Vollblutweib!
Dein wohlgeformter, schlanker Leib
ist stets für Abenteuer gut.
Ich lass mich gern von dir verführen
und jeder Mann kann's bei dir spüren:
die Leidenschaft wie Feuerglut!

Du kannst so schön im Bette liegen,
die Taille mir entgegenbiegen
und stöhnen, dass die Hüften beben.
Du meinst, es wäre wahre Liebe,
ich nenn's: Befriedigung der Triebe,
wenn wir in der Erregung schweben.

Oh, deine Kurven – sanft geschwungen!
Allabendlich mit dir verschlungen,
mag ich das Auf- und Niederwippen!
Mir reicht dein Mund zum Küssen, Hilde,
denn ein gescheites Satzgebilde
kommt selten über diese Lippen.

Du kannst mir Freude oft bereiten,
spür deine weiche Zung' ich gleiten.
Sie kann sich kunstvoll schlängeln, winden.
Dann bin ich immer hin und weg!
Es ließe sich zu diesem Zweck
wahrscheinlich niemand Bess'res finden.

Schau ich dir, Hilde, in die Augen,
um deine Blicke aufzusaugen
– so schön naiv und blöd und dumm –,
erkenn ich hinter den Pupillen,
die mit Erleicht'rung mich erfüllen,
das große, weite Vakuum.

Am Tage bist du meistens wach.
Doch aufgeweckt – dass ich nicht lach!
Ein Brötchen ist noch klug dagegen.
Ich brauche und gebrauche dich,
mit Sinnlichkeit verwöhnst du mich.
Das kommt mir wirklich sehr gelegen.

Denn bei der Arbeit, im Beruf
und allem, was ich schaff und schuf
mischst *du* dich, Hilde, niemals ein.
Ich nutze dich nur zum Vergnügen
(würd ich das leugnen, würd ich lügen),
doch liebst auch *du* die Schweinerei'n.

Ein hochentwickelter IQ,
ein lobenswerter Geist – wozu?
Dein Körper ist es, der mir reicht.
So sind wir beide ganz zufrieden,
uns ist ein großes Glück beschieden!
Ach, Hilde, bist du pflegeleicht!

Bequemes Essen

Stil nach Eugen Roth

Ein Mensch kann sich nur schwer entscheiden:
Was isst er heut? Was will er meiden?
Ein Kochbuch hält ihm viel parat;
mal schau'n: Da wäre ein Salat,
Kartoffeln, salzig und gepellt,
mit frischen Kräutern gleich vom Feld,
ein Reisgericht mit Paprika,
ein großer Eintopf wäre da,
auch Nudeln mit diversen Soßen
und alle Hobby-Köche stoßen
nach kurzer Zeit bei ihrem Suchen
auf selbstgemachte Pfannekuchen.
Zwar muss der Mensch sich eingestehen:
Er lässt es ungern sich entgehen,
es schreckt ihn aber der Verdacht,
dass Essenkochen Arbeit macht.
So wählt er neben etwas Ruhe
die Mahlzeit aus der Tiefkühltruhe
und konservierte Fertigwaren,
wie schon zuvor in all den Jahren.
Das spart zwar Energie und Zeit
zugunsten der Bequemlichkeit,
doch wirkt der Mensch nicht allzu froh.
Das ist nicht nur beim Essen so.

Eine einschneidende Erfahrung

Der Paul geht in die Klasse eins
und liest schon flüssig, dass es klingt.
Bei Kinderbüchern gibt es keins,
das dieser Junge nicht verschlingt.

Die Eltern freut das, denn sie meinen:
„Ach, lesen kann man nie genug
und fördern müssen wir den Kleinen!
Aus Büchern wird ein jeder klug!"

So kommt's, dass Paul zum Lesen neigt,
als würd es Besseres nicht geben.
Längst sind die Eltern überzeugt:
„Der Junge lernt was für sein Leben."

Sie sagen täglich: „Paul, du weißt,
dass du aus Büchern vieles lernst!"
Dann nickt der Sohnemann nur meist
und nimmt den guten Rat stets ernst.

Die Eltern sollten Recht behalten,
doch ging der Schuss nach hinten los,
denn Bücher, die als harmlos galten,
entpuppten sich als Todesstoß.

Der Paul schnitt nämlich irgendwann
'nem Kleinkind dessen Daumen ab.
Es lutschte träumend grad daran –
da kam die Schere: Schnipp und Schnapp!

Die Nachbarn riefen nebenan
aufgrund des Schreis den Krankenwagen.
Man nähte beide Daumen an,
die blutend auf dem Boden lagen.

Das Tatmotiv war undurchsichtig.
Doch Paul bemerkte dazu später:
„Was war denn bloß daran nicht richtig?
Das stand doch so im *Struwwelpeter* ...“

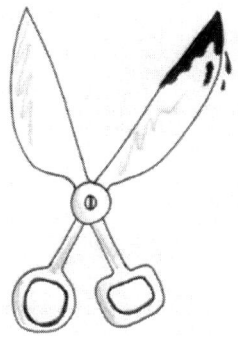

Grüße aus dem Bildungsministerium

Ihr Schülerschaften, höret her:
Durch eure Bildung geht ein Ruck!
Denn nichts sei leicht, nun wird es schwer –
jetzt kommt der große Prüfungsdruck!

Gewarnt ist, wer bislang noch dachte,
die Bildung sei so schön und frei,
und wem es gar noch Freude machte:
Was denkt ihr Trottel euch dabei?

Ihr hofft, ihr könntet euch entfalten
und werdet sogar kreativ,
wollt individuell gestalten ...
Ach je, wie putzig! Wie naiv!

Kapiert ihr nicht, was „Bildung" heißt?!
Wer gab euch all den schlechten Rat?
Wir brauchen keinen freien Geist,
er nützt bloß Menschen, nicht dem Staat.

Drum zeigt: Was habt ihr schon erreicht?
Wir woll'n es uns zu Nutze machen!
Ihr nehmt es aber viel zu leicht,
man sieht euch manches Mal noch lachen.

Aus diesem guten Grunde wollen
wir prüfen, was ihr täglich lernt.
Jetzt kommen strengere Kontrollen!
Passt auf! Sie sind nicht weit entfernt.

Wir prüfen euch in jedem Fach,
das hohe Effizienz verspricht.
Wer innehält, der gilt als schwach
und überlebt die Prüfung nicht.

Der Druck auf euch wird täglich steigen,
und ist es nötig, bringen wir
den skeptischen Verstand zum Schweigen.
Fragt immer „was" und nicht „wofür"!

So wird das Endergebnis sein,
dass unser Apparat euch lenkt:
Wir stopfen Wissen in euch rein,
bis ihr bloß schluckt und nicht mehr denkt.

Hoher Besuch

Der Herr geht in der weiten Welt
ganz gern spazieren und gesellt
sich zu den Menschen, die er schuf.
Er isst und trinkt und lacht mit diesen,
steht ihnen bei in manchen Krisen,
wie auch in Alltag und Beruf.

So kommt er zwischendurch nach Rom
(zum großen Platz am Petersdom),
besucht die Papstaudienz im Freien,
sieht all das Gold und all die Pracht
und wie die Kirche sich so macht
mit Priestern, Geistlichen und Laien.

Getümmel gibt's da immer wieder
und alte religiöse Lieder
und Rosenkränze auch en masse.
Und während hier so Mancher singt,
steht Gott, von Pilgern eng umringt,
dazwischen und besieht sich das.

Die Menschen jubeln hier in Scharen,
der Papst kommt schließlich angefahren
in einer schwarzen Limousine.
Von dort aus steigt er unversehrt
dann auf ein weiteres Gefährt
und zeigt die würdevollste Miene.

Im neuen Wagen bringt man ihn
zu einem großen Baldachin,
der eine Bühne überdacht.
Ein Haufen Priester steht da schon,
genauso wie des Papstes Thron,
von Schweizer Narren gut bewacht.

Der Papst spricht schließlich ein Gebet
(er wirkt wie eine Majestät)
und rasch wird alles um ihn leiser.
Der Herr – er steht noch im Gedränge –
wird selbst nun Zeuge, wie die Menge
den Papst verehrt wie einen Kaiser.

Die gleiche Show – mit Schall und Rauch –
gab's bei den letzten Malen auch.
Gott wird gepriesen und geehrt,
man wünscht: „Schenk uns Bescheidenheit"
und jeden Tag zur gleichen Zeit
sieht Gott: Hier läuft so viel verkehrt ...

Denn wohl ist ihm bei all dem nicht,
er mag es nämlich lieber schlicht;
den Prunk hat er ja stets verneint.
Und predigt jener Mann in Weiß,
so fragt der Herr im Innern leis:
„Ist hier ein *andrer* Gott gemeint?"

Der Todeskandidat

Der Tod im wehenden Gewand,
der vor Herrn Meyers Türe stand,
drückte auf den Klingelknopf,
um ihn zu hol'n, den armen Tropf.
Herr Meyer öffnete auch bald
und sagte zum Besucher kalt:
„Mein Herr, Sie können wieder geh'n.
Ich kaufe nichts. Auf Wiederseh'n!"

Unentschlossen

Du weißt nur zögernd, was du willst,
hast aber Träume (wie du's nennst)
und hoffst, dass du sie dir erfüllst,
obwohl du ihren Klang nicht kennst.

Was willst du? Kannst du das erklären?
Wie stellst du dir die Zukunft vor?
Soll dieser Zustand ewig währen?
Du wartest wohl aufs off'ne Tor.

Mal sagst du dies, mal sagst du das,
springst hoch, willst in die Tiefe tauchen,
doch ist ein bodenloses Fass
zum Kräfteschöpfen nicht zu brauchen.

Wenn man mit Dingen rechnen kann –
was hilft's? Du hast dich meist verzählt.
Was fängst du mit dem Kompass an,
dem scheinbar das Magnetfeld fehlt?

Auf Gipfeln suchst du nach dem Tal,
willst Ruhe mit der Großstadt mischen,
und hast zwei Wege du zur Wahl,
so stehst du immerzu dazwischen.

Wie lange willst du so verweilen,
ganz haltlos über einer Kluft?
Du hängst noch nicht mal in den Seilen,
du hängst wohl eher in der Luft.

Damit du nicht darunter leidest,
bedenke, wenn du weitergehst:
Bevor du dich fürs Ziel entscheidest,
musst du erst wissen, wo du stehst.

Spaß total

Ihr seid auf Spaß aus? Bitte sehr!
Betrinkt euch, bis ihr kotzen müsst!
Pumpt euer Hirn mit Drogen leer,
bis ihr vom Denken nichts mehr wisst!

Wer schreibt euch denn noch Regeln vor?
Berauscht euch und macht selber Krach!
Hört laut Musik und grölt im Chor
und legt euch gegenseitig flach!

O carpe diem! Nutzt den Tag!
Schreibt „Anarchie" an alle Wände!
Nutzt gründlich jeden Herzensschlag!
Jetzt heißt es: Party ohne Ende!

Streift jede Hemmung von euch ab!
Dann könnt ihr alles gut genießen.
Die Lebenszeit ist schließlich knapp
und deshalb soll man sie versüßen!

Ihr sagt, dass ihr das Leben liebt?
Das habt ihr euch zurechtgebogen;
denn wie man's wendet, wie man's schiebt –
es bleibt am Ende doch erlogen.

Wann kommt's in euren Köpfen an?
Es wird mal Zeit, dass ihr entdeckt:
Das, was man liebt, behandelt man
ja bitteschön mit mehr Respekt!

Wundersame Streitschlichtung

Zwei Menschen liegen schon seit Jahren
in einem endlos langen Streit,
an Waffen wollen sie nicht sparen
und sind zum Frieden nicht bereit.

Doch plötzlich ist der Kampf zu Ende
(womit man kaum gerechnet hat)
und beide reichen sich die Hände.
Sie sind wohl ihren Kleinkrieg satt.

Den Frieden wollen sie begrüßen,
als hätten sie sich nie gestritten.
Der Grund dafür: Die beiden schließen
ein Bündnis gegen einen Dritten.

So seltsam kann Versöhnung sein,
das lässt sich schwerlich nur verhüllen:
Nicht immer schließen zwei Partei'n
den Frieden um des Friedens Willen.

Die Zeit ist kalt

Die Zeit ist kalt. Wo sind die Emotionen?
Sie werden alle sehr geschickt versteckt,
damit man sie auf keinen Fall entdeckt.
Empfindlich ist das Herz. Man muss es schonen.

Ein großer Maskenball ist diese Welt.
Verbergt Gefühle! Niemand darf sie sehen!
Euch würde ohnehin kein Mensch verstehen.
Drum bleibt empfindungslos, wie ihr euch stellt.

Die Zeit ist kalt und sie lässt nichts gedeih'n.
Wer neu gebor'n wird, hat sich anzupassen.
Lernt, die Gefühle nie herauszulassen!
Friert eure Wut und eure Tränen ein!

Das ist der Zeitgeist und ist nicht infam.
Zwar werdet ihr auch manchmal weinen müssen,
doch wenn ihr heult, dann heult in eure Kissen!
Nervt Zeitgenossen nicht mit diesem Kram!

Die Zeit ist kalt. Denkt immer rational!
Denkt stets an hohe Zahlen und Gehälter!
So wirkt das Herz von Tag zu Tag entstellter.
Was macht das schon? Gefühle sind egal.
Die Zeit ist kalt und sie wird stetig kälter.

Die Experten

Man stolpert manchmal über Themen,
gespickt mit Fallen und Problemen,
und eine Lösung scheint zu schwer.
„Frag nach!" heißt deshalb ein Gebot
und schließlich ruft man in der Not:
„Experten her, Experten her!"

Was folgt, ist allgemein bekannt:
Da kommt die Meute angerannt
mit stirngerunzeltem Gesicht
Erhabenheit in ihren Blicken,
man sieht sie überlegen nicken,
dann heißt es klar: „So geht das nicht."

„Wir machen uns sogleich ans Werke,
das Fachgebiet ist unsre Stärke" –
der Redefluss will gar nicht enden.
Geschieht das dennoch irgendwann,
so fangen die Experten an,
sich den Problemen zuzuwenden.

Der Erste nimmt's in Augenschein,
ihm fällt auch schnell ein Ansatz ein
(behauptet er zumindest fest).
Doch bald darauf stellt sich heraus:
So einfach sieht das gar nicht aus ...
Mal schauen, was sich machen lässt.

Ein Zweiter kramt in einem Buche
nach Formeln, doch die lange Suche
beendet er ergebnislos.
Vom Dritten wird er bloß belächelt,
obwohl der gleichermaßen schwächelt;
und auch der Vierte gibt sich groß.

In Strömen kommen sie gelaufen,
ihr ganzes Wissen lässt sich kaufen –
doch das entpuppt sich als Gelaber!
Viel später kommt, ganz unscheinbar,
ein Mann hinzu, der stellt kurz klar,
er sei zwar kein Experte, aber ...

Natürlich wird er ausgelacht.
(Was hat er sich dabei gedacht,
dass er *Expertenkreise* stört?!)
Und daher sagen ihm die vielen
Experten, sich so aufzuspielen,
sei dreist und einfach unerhört!

Der Andere bleibt ganz gelassen
und meint, die Lösung werde passen.
So widmet *er* sich den Problemen.
Er freut sich, als es ihm gelingt;
es freut jedoch nur sehr bedingt
Experten, die's ihm übel nehmen.

Konservativ

Stil nach Eugen Roth

Ein Mensch verschiebt ganz gern die Zeit
und lebt in der Vergangenheit.
Das, was er liebte an dem Alten,
will er für immer sich erhalten
und glaubt, es werde lange leben,
setzt er bewachend sich daneben.
Doch plötzlich hört er vor der Tür:
„Ich bin die Zukunft! Öffne mir!"
Aus Angst lässt er sie nicht herein –
da bricht sie einfach selber ein.
Er ist darauf nicht vorbereitet,
weil ihn Vergangenes noch leitet,
sodass ihm rasch der Atem stockt,
vom Zukunftsanblick sehr geschockt.
Zu plötzlich stand sie jetzt im Raum,
Erholung bleibt dem Menschen kaum,
es fehlte – deshalb auch der Schreck –
ein Übergang zu diesem Zweck.
So geht es jedem, der erkennt:
Er hat die Gegenwart verpennt.

Ein Höhlengleichnis

Frei nach einem alten Griechen

Sokrates:

Versuch dir bitte einmal auszumalen,
was ich im Folgenden beschreiben werde:
Ein Pulk von Menschen sitzt in einer kahlen
und dunklen Höhle auf der harten Erde.
Sie sind gefesselt und bewegungslos
und starren unentwegt geradeaus,
ihr Drang sich zu bewegen ist nicht groß
und niemand fragt: „Wo geht es hier hinaus?"
Und hinter diesen ganzen Menschen steht
 – mit einer dicken Rolle Film bespannt –
ein Apparat, durch einen Stein erhöht,
und wirft bewegte Bilder an die Wand.

Glaukon:

Recht seltsam scheint mir das und wunderlich,
fast sagte ich: Mich ängstigt dieser Ort.

Sokrates:

Das kann ich gut versteh'n, drum setze ich
nun die Erläuterung zur Höhle fort:
Die Menschen tragen rosarote Brillen,
durch welche sie an Wänden Filme sehen,
und diese Unterhaltung stoppt den Willen,
den Blick zu wenden oder aufzustehen.
Sie amüsieren sich auch gar nicht schlecht
und mögen Vieles, was sie da betrachten.
Man fragt sich: Halten sie den Film für echt
und würden jedes Bild für wahr erachten?

Glaukon:
Oh Sokrates, das lässt sich sicher sagen:
Natürlich halten sie den Film für wahr.

Sokrates:
Und sollte es dann doch mal jemand wagen,
auf Risiko und eigene Gefahr
die rosarote Brille abzunehmen
und sich womöglich auch noch umzudrehen –
ständ dieser Mensch dann wirklich vor Problemen,
würd er den Apparat samt Filmen sehen?

Glaukon:
Er wäre – positiv gesagt – erstaunt,
doch treffender ist hier das Wort „geschockt".

Sokrates:
So bleibt der Mensch vermutlich missgelaunt,
wenn er noch länger in der Höhle hockt,
da er inzwischen ja verstanden hat,
dass er hier drinnen vor der Wahrheit flieht
und – wie die andern Menschen auch – anstatt
der Wahrheit nichts als bloße Bilder sieht.
Er will in dieser Höhle nicht verwesen;
entschlossen kann er bald sich überwinden,
die Beine von den Fesseln loszulösen,
die ihn so stark an diese Höhle binden.
Doch hofft er, dass sich all der Aufwand lohnt,
denn er hat große Schmerzen zu ertragen.

Glaukon:
Wohl wahr. Er ist Bewegung nicht gewohnt.

Sokrates:
Er zwingt sich aber selbst, nicht laut zu klagen
und er erreicht mit Mühe irgendwann
den Höhlenausgang, wo er Sonnenlicht
zunächst nur unter Schmerzen sehen kann;
die neue Helligkeit erträgt er nicht.
Doch eine Zeitlang später sieht er klar,
was die Natur hier draußen präsentiert:
Er nimmt Vergiftung und Zerstörung wahr,
wodurch er rasch die Freude dran verliert.
Zwar tun ihm seine Beine nicht mehr weh,
doch ist sein Bauch mit Ärger angefüllt;
er kommt an einen ölverschmutzten See
und er erkennt darin sein Spiegelbild.
Bei diesem Anblick fasst er neu Vertrauen,
sieht ein: Er hat sich viel zu oft gesträubt,
der Wahrheit einfach ins Gesicht zu schauen,
und hat sich in der Höhle bloß betäubt.

Hier draußen wartet eine große Welt,
die jede Menge Energie versprüht,
die Leben schenkt und die den Geist erhellt,
sobald sich endlich wer um sie bemüht.
Und schließlich fängt er an zu überlegen:
Wie ließe die Verödung sich verhüten?
Denn würde man hier draußen alles pflegen,
so wär's an Schönheit kaum zu überbieten –
ein menschenwürdiges und hübsches Land.
Was glaubst du? Bleibt der Mensch für immer da,
hat er am Höhlenausgang das erkannt?

Glaukon:
Oh Sokrates, ich würde sagen: Ja.

Sokrates:
Nicht ganz. Es juckt ihn bald zurückzugehen,
er will den andern zu verstehen geben:
„Ihr solltet euer Spiegelbild mal sehen!
Ihr dürft nicht ewig in der Höhle leben!
Die Wahrheit aus den Augen zu verlieren
ist ignorant, verachtenswert und dumm!"
Wie werden dann die andern reagieren?
Was meinst du, Glaukon? Bringen sie ihn um?

Lehrreicher Waldspaziergang

Ich ging im Wald so für mich hin,
ganz ruhig, in Gedanken brav;
nach Üblem stand mir nicht der Sinn,
bis ich auf eine Dame traf.

Die Frau war dreißig (oder jünger?),
der Körper kräftiger gebaut;
im Munde hatte sie zwei Finger,
auf denen pfiff sie schrill und laut.

Es gellte: „Susi, komm, bei Fuß!
Hier wird nicht mehr im Dreck gewühlt!
Ich weiß, dass du das gerne tus'!
Du hast jetzt lang genug gespielt!"

Es folgte eine kurze Pause;
das Frauchen setzte einen drauf:
„Gleich gibt es Leckerli zu Hause!"
Und schließlich tauchte Susi auf.

Die Worte waren abgenutzt,
man hat's schon oft gehört, gelesen ...
So hätt ich sicher nicht gestutzt,
wär Susi nicht ein Kind gewesen.

Nacht im Moor

Dunkel ist die Nacht und kalt,
leise weht der Ostwind nur,
über Laub und Moor und Wald
schwebt der Frieden der Natur.

Große und erhab'ne Bäume
strecken knochig ihr Geäst
hoch bis in die Himmelsräume;
ewig wirken sie und fest.

Zwischen moosbewachs'nem Holz
schlängelt sich ein dünner Pfad,
der mit Nächten stets verschmolz
und den selten wer betrat.

Dieser schmale Weg – er führt
aus dem Wald hinaus ins Moor.
Jedem, der ihn aufgespürt,
kam geheimnisvoll er vor.

Eine Handvoll von Soldaten
nutzte ihn vor langer Zeit.
Mitten in die Nacht geraten
kamen sie jedoch nicht weit.

Aus dem Hinterhalt bekriegen
wollten sie ein nahes Dorf.
Aber ihre Leichen liegen
nun begraben unter Torf.

Ewig werden ihre Münder,
die mit Dreck verstopft sind, schweigen.
Für den Frieden ist's gesünder,
wenn sie nie nach oben steigen.

Spuren, die sie hinterließen,
sind seit langem schon verwischt;
und die Abdrücke von Füßen
wurden unter Schlamm gemischt.

Blätter werden fortgeweht,
leicht berührt vom Winde nur.
Das, was bleibt und was besteht,
ist der Frieden der Natur.

Abschiedsworte eines Freundes

Ob Gedanken, ob Gefühle –
hier in diesen Abschiedszeilen,
will ich danken für das Viele,
das ich durfte mit dir teilen.

Freundschaft ist's, die stärkt und trägt,
Schön'res kann man gar nicht schenken.
Täglich hast du mich geprägt
durch dein Handeln und dein Denken.

Du bist wie ein Teil von mir,
deine Freundschaft ist Gewinn.
Ich verdanke es auch *dir*,
dass ich *so* bin, *wie* ich bin.

Fehlst du bald auf meinen Wegen
und so Manches fällt mir schwer,
werd ich häufig überlegen,
was dein Rat gewesen wär.

Wenn der Abschied dich vertreibt,
lass ich dich nur deshalb gehen,
weil mir jene Hoffnung bleibt,
dass wir uns mal wiedersehen.

Die Macht des Wortes

Ein Wort kann binden und auch spalten,
es kann verzeih'n und Menschen richten,
kann stärken und am Leben halten
und Existenzen auch vernichten.

Das Lied vom Gesetz

Frei nach einem schillernden Gedicht

Fest gemauert in der Erde
steht die Form für ein Gesetz.
Jeder Bürger hofft, dies werde
gut für das soziale Netz.
In die Politik
fließe viel Geschick;
stolz will man das Werk vollenden,
Segen kommt vom Präsidenten.

Im Werke, das wir ernst bereiten,
steckt große Zukunft für das Land;
wenn hübsche Phrasen es begleiten,
klingt selbst das Dümmste elegant.
So lasst uns motiviert betrachten,
wohin uns Interessen tragen,
doch muss man auch Minister achten,
die gar nicht wissen, *was* sie sagen!
Denn was den Menschen wirklich zieret,
sind weder Denken noch Verstand,
es kommt drauf an, dass er regieret
ganz selbstbewusst mit starker Hand!

Nehmt Worte, die nach Freiheit klingen,
trocken soll'n sie aber sein!
Um das Werke zu vollbringen,
schmeißt, was ihr noch wollt, hinein!
Kocht mit vielen Köchen
Brei und gebt Versprechen,
dass die Paragraphenspeise
fließe nach des Rechtes Weise.

Was man im Ausschuss überlegt,
im kleinen Kreis, dem Kabinett,
schon bald ein ganzes Volk bewegt,
sind die Gesetze erst komplett.
So werden sie an allen Tagen
die Menschen auf den Wegen lenken
und schlimmstenfalls die Bürger schlagen,
wenn diese eigenständig denken.
Wer unten steht, dem sei zu raten,
in Disziplin sich zu erproben!
Vom Bürger kann man ja erwarten:
Er hört auf das, was kommt von oben!

Blubberblasen sieht man springen,
die Gesetze sind im Fluss.
Lasst's mit Fachjargon durchdringen,
zeigt es nur im Überfluss.
Frei von Widersprüchen,
rein und abgeglichen
seien nun die Paragraphen,
jeder Einwand ist zu strafen!

So hat man schließlich die Gesetze
und wartet auf den schönen Klang,
man wünscht, dass niemand sie verletze
und spürt schon einen Neuanfang.
Die Macher stehen stolz daneben,
das Interessenspektrum klein,
und hauchen den Gesetzen Leben
zum Wohle aller Bürger ein.
Doch *das* klingt schwach und nicht sehr echt.
Hier ist wohl etwas schiefgelaufen.
Denn als vernünftig und gerecht
lässt sich das Ganze nicht verkaufen.

Ein Minister meint zu wissen,
bloß die Form sei Schuld daran,
und behauptet ganz beflissen,
Hohlraum brächte bess'ren Klang.
Alle Bürger fragen,
wo die Fehler lagen.
Drum bedenkt vor jeder Wahl:
Liegt's vielleicht am Mat'rial?

Spaziergang zu zweit

Wir spazieren über Wiesen,
suchen keine Art von Ziel,
lachen oft und reden viel,
nichts kann uns den Tag vermiesen.

Vor uns liegt das weite Feld
ohne Feinstaub und Chemie,
ohne jede Industrie.
Offen steht uns nun die Welt!

Kalter Wind weht uns entgegen,
bläst uns wütend ins Gesicht.
Wir beachten diesen nicht.
Irgendwann wird er sich legen.

Unser Geist hat sich erhoben
über Wald und Wiesenhang,
losgelöst und ohne Zwang
schwebt er durch die Luft nach oben.

Ewig könnte er dort schweben.
Nichts hält die Gedanken fest!
Alles, was sich fassen lässt,
das erzähl'n wir uns vom Leben.

So vergehen schöne Stunden,
geben Freude, Kraft und Mut.
Wir erkennen: Es ist gut,
fühl'n uns innerlich verbunden.

Wir spazieren querfeldein
und verspüren immer wieder:
Freiheit strömt durch uns're Glieder!
Welch ein Glück, so frei zu sein!

Hoffnungslos

Du läufst im Dunkeln ganz allein
und suchst nach dem berühmten Licht,
das soll am Tunnelende sein –
doch leider findest du es nicht.

Bald stößt du gegen eine Wand,
die hier im Tunnel auf dich lauert,
und hast mit einem Mal erkannt:
Man hat den Ausgang zugemauert!

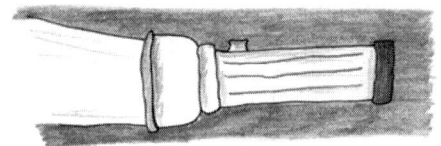

Innerer Dialog

Erschöpft sitzt er im Stammcafé
an einem Einzeltisch und blickt
ins Leere, trinkt den heißen Tee
und lauscht dem inneren Konflikt.

Er hört sein Herz, das zu ihm meint:
„Du liebst sie. Tu's auch weiterhin.
Egal, wie unklug das erscheint.
Du fragst zu oft nach Zweck und Sinn."

„Du Sturkopf!" sagt da der Verstand.
„Du musst dich stärker von ihr lösen!
Folg der Vernunft und denk an Kant.
Hör auf zu träumen und zu dösen!"

„Das geht nicht!" widerspricht das Herz.
„Ich spüre, dass es niemals endet."
„Jetzt komm mir nicht mit Liebesschmerz!"
ruft der Verstand. „Du bist geblendet!"

Das Herz entgegnet: „Fremder Rat
ist etwas, das ich grad nicht brauch.
Die Frau ist halt ein Unikat
und deshalb liebe ich sie auch!"

„Das mag", meint der Verstand, „zwar sein,
doch ist, was du erträumst, zu groß.
Du liebst umsonst! Sieh's endlich ein!
Du bleibst bei ihr stets chancenlos!"

„Ich weiß", sagts Herz, „doch wird verrückt,
wer nicht Gefühle akzeptiert!"
Die and're Seite spricht: „Es glückt,
sieht man das Ganze distanziert."

So wird die Meinung ausgetauscht,
doch keine Spur von Kompromissen.
Und jener Mensch, der all dem lauscht,
fühlt sich im Inneren zerrissen.

Und schließlich wird es ihm zu viel.
Verzweifelt schreit's aus ihm heraus:
„Seid still! Das führt zu keinem Ziel!
Ich halt den Streit nicht länger aus!"

Er spürt Cafébesucher-Blicke,
die gleichen einer Steinigung.
Man fragt, ob er noch richtig ticke.
Er murmelt leise: „'Tschuldigung ..."

Rasch zahlt er noch für seinen Tee
(mit einem viel zu großen Schein)
und dann verlässt er das Café.
Die Straß' ist leer. Er ist allein.

Und ruhig auch. Kein Laut, kein Klagen.
Im Innern ruht auch das Gefecht.
Und plötzlich hört er selbst sich sagen:
„Ich glaube, der Verstand hat Recht."

Er freut sich über die Erkenntnis,
entspannt sich, fühlt sich wie befreit.
Ihn bittet aber um Verständnis
das Herz: „Ich brauch Erholungszeit."

Getrennt

Wir sind uns fremd. Das ist nun mal passiert.
Jetzt ist es Zeit an einen Schluss zu denken.
Nicht melancholisch. Auch nicht resigniert.
Genauso wenig möchte ich dich kränken.

Ich möchte bloß den glatten Schlussstrich ziehen.
Das Ende lassen wir ein Ende sein.
Wo liegt der Sinn, wenn wir uns neu bemühen?
Wir stoßen immer wieder auf ein Nein.

Wir haben's, glaub ich, beide nicht gewollt.
Was stark erscheint, will niemand gerne spalten.
Doch wenn ein kleiner Schneeball erst mal rollt,
ist die Lawine kaum noch aufzuhalten.

Wie kommt's, dass Treueschwüre nichts mehr gelten?
Wahrscheinlich haben wir uns mal verfehlt,
als wir Entscheidungen fürs Leben fällten,
und zwei *getrennte* Wege ausgewählt.

So haben wir ganz unbewusst entschieden,
uns an dem einen Wendepunkt zu trennen.
Statt Freundschaft spür'n wir nur noch lauen Frieden,
weil wir uns schon seit Langem nicht mehr kennen.

Mach's gut. Es bleiben wirklich keine Fragen.
Der Lauf der Dinge ist nicht abgerissen.
Nur manchmal werde ich an dunklen Tagen
nicht dich, bloß die Vergangenheit, vermissen.

Die andere Möglichkeit

Stil nach Eugen Roth

Ein Mensch, der Liebe nie erfahren,
will ungern an Gefühlen sparen,
obwohl er bald erkennen muss:
Er kann nicht lieben. Punkt. Aus. Schluss.
Nun soll'n die Emotionen schweigen?
Oh, nein! Er will Gefühle zeigen!
Doch wird das Lieben unterlassen,
so bleibt als Letztes bloß zu hassen.
Der Mensch nutzt diese Möglichkeit
und er bemerkt nach kurzer Zeit,
erfüllt mit einer Art von Glück:
Wie Liebe kommt auch Hass zurück!
Er bleibt bei diesem Lebensstil,
verachtet alles stark und viel
und sieht in and'rer Leut Beschwerden
Gefühle, die erwidert werden.

Das Schuljubiläum

Der Max, meist lässig und „der Coole",
besuchte einst im Januar
das Jubiläum einer Schule,
auf der er selbst gewesen war.

Er traf dort gleichgesinnte Leute,
die er sofort beim Namen nannte.
und auch, was er zum Teil bereute,
die ganzen Lehrer, die er kannte.

Der Rektor hielt noch eine Rede,
sehr trocken und bedingt euphorisch.
Der Max empfand sie so wie jede.
Der größte Teil war sehr historisch.

Dann gab's Applaus und viel Tumult
und, als der Lärm verstummt war, trat
Herr Wolfgang Müller an das Pult,
ein etwas ält'rer Studienrat.

Er sprach von einer langen Zeit,
die er an dieser Schul' verbracht,
von großer Schülerfreundlichkeit
und sagte: „Ich hab viel gelacht."

„Du Heuchler!" dachte Max im Stillen.
„Ich kenne dich: Du hasst die Schüler,
bist nur bedacht auf *deinen* Willen
und dein Humor wird täglich kühler."

Nun trat zurück der alte Mann,
die Menge klatschte fröhlich weiter.
Kollege Meier war jetzt dran,
auch ihn begrüßte man recht heiter.

„Wir haben viel in all den Jahren",
begann er seinen Redefluss,
„geleistet, ohne Kraft zu sparen.
Die Arbeit war für uns ein Muss!"

Doch Max bemerkte innerlich:
„Was hast du für ein großes Maul!
Seit vielen Jahren kenn ich dich.
Schon früher warst du ziemlich faul!"

Er fand's zum Kotzen und zum Reihern,
denn alle Leut' um ihn herum,
die standen dort, sich selbst zu feiern ...
Er drehte resigniert sich um.

Das Mäuschen

Ein Mädchen, das man „Mäuschen" rief
(Miranda war die lange Form),
war glänzend schön, doch sehr naiv
und kannte Goethe nicht und Storm.

Oft stand sie fünf Uhr morgens auf
und schminkte sich bis kurz vor acht;
dann wurde noch ein Großeinkauf
für Mode und Make-Up gemacht.

Am Nachmittag, ab fünfzehn Uhr,
verdiente sie sich schließlich Geld
in einer kleinen Agentur
als Fotomodel hingestellt.

Man sah in Zeitschriften (meist groß)
Mirandas Körper und Gesicht.
Gewesen wär sie arbeitslos,
gäb's den Beruf des Models nicht.

Um zehn Uhr abends ging sie dann
in irgendeine Diskothek,
vergnügte sich mit jedem Mann,
der kreuzte ihren Lebensweg.

Zu denen, die ins Auge stachen,
gehörte jene hübsche Maus.
Sie kannte sich in Körpersprachen
weit besser als im Deutschen aus.

Sie hatte ziemlich viele Meisen,
war dumm, verpeilt und ziemlich toll;
das konnte man auch leicht beweisen:
Die *Bild* war ihr zu anspruchsvoll.

An einem Maitag kam der Jochen
vorbei an Mäuschens Gartentor.
Mehr Muskeln hatte er als Knochen
und rief: „Ich habe heut nichts vor!"

Miranda trat auf den Balkon
und sprach entzückt: „Mein Held! Mein Hengst!
Oh, warte kurz, ich komme schon!
Ich eile schneller, als du denkst!"

Da machte Jochen einen Scherz:
„Wozu der lange Treppenlauf?
Spring vom Balkon, mein Schokoherz!
Ich fange dich auch gerne auf!"

Mirandas Körper war perfekt,
doch sie verstand nicht Ironie.
Ihr fehlte halt der Intellekt.
So sprang in ihren Tode sie.

Der Tänzer

Herr Maier ging im letzten Jahr,
als der April schon fast vorbei,
auf einen Ball, der festlich war,
und tanzte in den neuen Mai.

Als Erstes stand ein Walzer an.
Herr Maier tanzte fröhlich mit.
Dann gab es Jive für jedermann,
nur Maier blieb beim Walzerschritt.

Das irritierte auf der Feier.
Man schielte oft zu ihm hinüber.
Und so verteidigte sich Maier:
„Ich tanze Walzer einfach lieber."

Er stach hervor aus allen Massen
durch seinen andern Schritt und Gang.
Doch eines musste man ihm lassen:
Er widerstand dem Gruppenzwang.

Forscherdrang

Es hatten zwei Chemie-Studenten
die große Karriere vor,
und sie erlangten mit Talenten
Beneidenswertes im Labor.

Ihr Forscherdrang war hochgeschätzt:
Sie kämpften chemisch gegen Viren,
die sich im Körper festgesetzt,
ob in der Leber, in den Nieren ...

Sie fanden nützliche Arzneien
und lebensrettende Substanzen;
so konnte der Erfolg gedeihen,
genauso gut wie die Finanzen.

Denn selbstverständlich hatten bald
Regierungen aus aller Welt
sich diese beiden Jungs gekrallt
und jede Menge Zeug bestellt.

Ach, war das ein Brimborium!
Die einen brauchten für ein Drittel
des Volkes Koks und Opium,
die andern suchten Kopfschmerzmittel;

man brauchte Giftgas für die Front,
Parfum mit wahrem Engelsduft,
ein Färbespray in frischem Blond,
ein Mittel gegen schlechte Luft,

die Impfung gegen Rinderwahn
(auch gegen Aids wär nicht verkehrt),
und schließlich bitte noch Uran
mit möglichst kleinem Halbzeitwert.

Die Auftragsmengen mündeten
im steten Lösen von Problemen,
und die Studenten gründeten
schon bald ein eig'nes Unternehmen.

Das Forschen war geprägt vom Spaß
an Chemikalien, die krachten,
sodass man zwischendurch vergaß,
für *wen* sie diese Arbeit machten.

Sie hatten Kunden im Iran,
in Russland und in Kanada,
in Japan und Afghanistan,
in England und den USA.

So halfen sie diversen Staaten,
obwohl es widersprüchlich schien:
Am Morgen bauten sie Granaten
und mischten mittags Medizin.

Egal, wohin die Sache lief –
sie war'n dabei an *allen* Fronten.
Der Grund dafür war primitiv:
Sie taten es, weil sie es *konnten*.

Ein gewisses Kleidungsstück

Es nimmt den Menschen, die es tragen,
die Individualität;
und wer es selber kennt, kann sagen,
dass es auch Stolz ins Herze sät.

Es hat um seinen freien Willen
so manchen Menschen schon gebracht.
Zwar schafft's nicht, hohles Hirn zu füllen,
doch hat es Dumme groß gemacht.

Mit einer Waffe kombiniert
vernichtet es in kurzer Zeit
bei dem, der diese mit sich führt,
das letzte Bisschen Menschlichkeit.

Es weiß Entfaltung einzuschränken
und es beeinträchtigt enorm
das kluge, selbstbestimmte Denken.
Man nennt das Ganze: Uniform.

Gedanken vor dem Einschlafen

Du liegst noch wach und starrst ins Leere,
vor deinem Bett steht ein Paar Schuhe.
Du wünschst nichts sehnlicher als Ruhe,
die wunderbar erlösend wäre.

Sein Ende hat der Tag erreicht –
und dennoch lässt er nichts vollendet,
obwohl du Mühe aufgewendet.
Jetzt einzuschlafen, fällt nicht leicht.

Du strebtest nach Vollkommenheit.
Zumindest war das mal dein Plan.
Doch Vieles hast du nicht getan.
Es fehlte Mut, es fehlte Zeit.

Was ist an Gutem dir geblieben,
was ist nun deiner Mühe Lohn?
Die angestrebte Perfektion
musst du auf morgen wohl verschieben.

Allein der Geist scheint noch hellwach.
Zu gerne ständest du jetzt auf
und ändertest der Dinge Lauf.
Dein Körper aber ist zu schwach.

Hält je ein Tag, was er verspricht?
Ach, mach dir keine Illusionen!
Schlaf ein. Du sollst dich lieber schonen.
Denn ändern kannst du es ja nicht.

Ergebnisloses Gespräch

Ich unterhalte mich im Bus ganz gern,
drum fragte ich dort gestern einen Herrn,
was er – mit einem Seitenblick aufs Alte –
vom großen, hochgelobten Goethe halte.
Nur eine kurze Antwort gab er mir:
„Verzeihen Sie, ich komme nicht von hier."

Kleinkariert

Ein Mensch kommt selten damit klar,
im Kritisieren Maß zu halten.
Denn findet er ein Suppenhaar,
so will er dieses auch noch spalten.

Die Spießer

Auf einem Sektempfang war neulich
die Atmosphäre ganz abscheulich,
denn nichts von allem wirkte echt.
Die Leute standen steif wie Stöcke,
die Männer trugen schwarze Röcke.
Ich roch Parfum – mir wurde schlecht.

Die Frauen schauten arrogant –
den Lippenstift sogleich zur Hand,
und mochten es, sich aufzumotzen.
Von Schminke eine dicke Schicht
verbarg manch welkendes Gesicht.
Ich sah es und ich fand's zum Kotzen.

Auch lächelten sie künstlich nur,
von warmem Lachen keine Spur.
Gefühle wurden hier versteckt.
Die Gesten waren wie gestellt,
die ganze Feier roch nach Geld.
Mein Flucht-Instinkt war rasch geweckt.

Das Allerschlimmste war jedoch:
Bei diesen Leuten saßen noch
zehn Kinder, die sich unwohl fühlten.
Sie schauten oft zum Fenster raus
und sahen Jungen vor dem Haus,
die dort mit einem Fußball spielten.

Die Kinder trugen auch Krawatten,
die gleichen, die die Eltern hatten;
sie wirkten wie beim Kostümieren.
Die Fenster waren nicht vergittert,
doch trotzdem dachte ich verbittert:
„So kann man Freiheit früh verlieren."

Es war ja stets das alte Spiel:
Was den Erwachsenen gefiel,
das wurde Kindern aufgezwungen.
Bis keines länger widersprach,
das Rückgrat durch Gewohnheit brach,
und Alte wurden aus den Jungen.

Entgegen der Erwachs'nen Haltung
braucht aber jedes Kind Entfaltung.
Gebt Acht, dass ihr es nicht verderbt!
Was ich auf jener Feier sah,
das machte mir auf einmal klar:
So wird Spießertum vererbt.

Dichterkollegen

Sie halten sich für Dichtergrößen
und sind so schrecklich überflüssig!
Es klingt nicht schön, erst recht nicht bissig,
wenn sie in Texten sich entblößen.

Sie schreiben häufig wie besessen,
was sie grad denken, wie und wo,
im Garten oder auf dem Klo,
und später soll's der Leser fressen.

Sie sitzen gern auf hohem Ross,
das sie sich selbst gezüchtet haben.
Es lahmt, statt elegant zu traben,
doch fühl'n die Reiter sich als Boss.

Sie pflanzen sich ins Blumenbeet
der literarischen Botanik,
wo ohne jegliche Dynamik
schon einiges Verwandtes steht.

Bescheidenheit ist lange her,
sie seh'n ihr Werk als sehr gelungen.
Im Zentrum ihrer Äußerungen
steh'n bloß sie selbst und niemals mehr.

Sie haben alle einen Schaden
und schreiben diesen Schaden nieder;
die gleiche Leier, immer wieder,
auch gerne ohne roten Faden.

Doch ist besonders ärgerlich,
dass sie beim Ego-Reflektieren
den Leser aus dem Blick verlieren.
Sie schreiben nämlich nur für *sich*.

Erdrückendes

Wer's selbst erfahren hat, sieht ein:
Es ist nicht immer nur das Schwere –
auch Vakuum und große Leere
können sehr erdrückend sein.

Verdrängung

Wer einem Ziel sich ganz verschrieben
und merkt: Es ist dorthin zu weit,
verdrängt die Unerreichbarkeit,
hört er nicht auf, das Ziel zu lieben.

Der Abschied

Sie standen dort am Hafenbecken.
Er weinte und sie weinte auch.
Sie konnten Tränen kaum verstecken
und spürten Trauer tief im Bauch.

Jetzt hieß es: Trennung für ein Jahr,
getrennt in dieser großen Welt.
Er fuhr heut nach Amerika.
Beruflich. Für ein gutes Geld.

Sie küssten und umarmten sich.
Er ging aufs Schiff und winkte ihr.
Sie rief ihm zu: „Ich wart' auf dich.
Ich bleibe bis zur Rückkehr hier."

Er weinte, ließ die Hand nicht sinken.
Der Schmerz war längst nicht überwunden.
Sie sprach: „Ich hör erst auf zu winken,
bist du am Horizont verschwunden."

Er lächelte. Jedoch nur schwach.
Er wischte Tränen von den Wagen
und betete: „Oh Gott! Komm, mach,
dass das, was war, ist nicht vergangen."

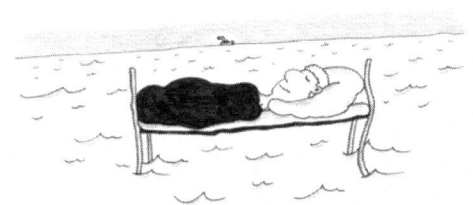

Das Schiff trat bald die Reise an.
Sie wünschte ihm noch einmal Glück.
Voll Sehnsucht murmelte er dann:
„In einem Jahr bin ich zurück ..."

Wie konnte man ihn nur so strafen?
Sie weinte, winkte ihm noch immer.
Das Schiff entfernte sich vom Hafen.
Die Trauer wurde fast noch schlimmer.

Da fiel ihm ihr Versprechen ein,
sie werde bis zum Horizonte
ihm winken, ewig treu ihm sein.
Ein Grund, weshalb er lächeln konnte.

Doch war sie bald das Winken leid
und schließlich ging sie einfach weg.
Es war zum Horizont noch weit.
Er sah ihr nach, stand starr an Deck.

Er rief: „Ich liebe dich so sehr!"
Er rief umsonst. Sank auf die Knie.
Verzweifelt sprang er dann ins Meer.
Dort schrie er laut. Er schrie und schrie ...

Er wachte auf. Ihm wurde klar:
Die schlimmen Bilder waren bloß
ein Traum. Denn nach Amerika
ging's erst in einem Monat los.

Er dacht': „Was *sie* grad tun mag?"
Er fühlte sich ein wenig schlapp;
und sagte noch am selben Tag
die Reise, die geplant war, ab.

Wirkungsloser Rat

Du liefst so ziellos durch dein Leben,
dass ich mir schließlich Sorgen machte
und ich begann, dir Rat zu geben,
obwohl das herzlich wenig brachte.

Ich zeigte dir, was wacklig stand,
du wolltest aber nichts bewegen.
Ich warnte dich vor einer Wand,
und dennoch ranntest du dagegen.

Ich wusste stets um die Gefahren
und wies dich mehrfach darauf hin.
Ich wollte Vieles dir ersparen,
doch stärker war dein Eigensinn.

Du wolltest nichts dir sagen lassen,
egal, was Logik dir gebot,
und ich bekam dich nicht zu fassen,
du stelltest jede Leitung tot.

Ich sah den Pfeil, bevor er traf,
und auch, wie sich der Bogen spannte.
Ich hatte keinen ruhigen Schlaf,
weil ich die Konsequenzen kannte.

Es hat mich aufgewühlt, zerrissen,
und ständig wird die Frage laut:
Was nützt dem Menschen all sein Wissen,
wenn man dem Wissen nicht vertraut?

Hinein ins Berufsleben

Schließt jemand mit dem Abitur
die Schulzeit ab, stellt sich die Frage:
Was macht man mit dem Abschluss nur?
Nicht selten bleibt die Antwort vage.

Denn ist die Schule abgeschlossen,
gesteht man sich danach nun ein:
Man hat die Zeit doch sehr genossen.
Sie dürfte gern noch länger sein.

Auf einmal soll man selbst entscheiden,
wie man das Leben weiterführt.
Zu gerne würd man dies vermeiden,
weil man den Mut zu schnell verliert.

Wer regelt jetzt den Tagesplan?
Kein Pausengong, kein Unterricht.
Man sieht ein neues Leben nah'n,
da gibt es solche Dinge nicht.

Nicht jeder, aber Mancher fragt
bestürzt: „Wo geht es hier bloß lang?"
Und weil die Panik an ihm nagt,
wählt er den nächsten Notausgang.

Der junge Mensch sucht nun sein Glück
in einem Ref'rendariat,
wird Lehrer, kehrt zur Schul' zurück,
da dies, so meint er, Ärger spart.

Doch das misslingt, bei aller Müh,
und gute Vorsätze geh'n flöten.
Denn Lehrersein aus Nostalgie,
das lässt sich nirgendwo vertreten.

Bald steht der Mensch vor ersten Klassen
und merkt schon früh beim Unterrichten:
Am liebsten würd er's fallen lassen
und auf den Lehrberuf verzichten.

Die Wirklichkeit ist nämlich hart
und sie erscheint nicht selten schwerer:
Selbst wenn ihr einmal Schüler wart –
ihr seid noch lange keine Lehrer.

Neujahr

Fragend schreibe ich die Zeilen,
während ich mit Sekt hier steh:
Wer kam bloß auf die Idee,
Zeit in Jahre einzuteilen?

Jahre sind doch viel zu lang!
Meinen Sekt will ich verwetten:
Wenn wir nichts als Tage hätten,
wagten wir den Neuanfang

früher schon, als erst am Ende
jener zweiundfünfzig Wochen,
ist das Neujahr angebrochen
und verspricht die große Wende.

Rechneten wir nur mit Tagen,
würden wir – das ist wohl klar –
nie nach einem nächsten Jahr,
sondern bloß nach „morgen" fragen.

Zögern wäre leicht vertrieben,
denn es ließe sich ein fester
Vorsatz nicht mehr auf Silvester
und das neue Jahr verschieben.

Daher sollten wir getrost
jeden Vorsatz, den wir fassen,
rasch zum Zuge kommen lassen.
Denkt im neuen Jahr dran. Prost!

Nichts ist verlässlich

Stil nach Eugen Roth

Ein Mensch stellt fest – mit leichtem Hass:
Auf *nichts* ist heute mehr Verlass.
Die alten Traditionen schwinden,
auch Arbeit lässt sich kaum noch finden,
die Rollen werden neu verteilt,
die Technik mit dem Fortschritt eilt,
im Winter schneit es bloß noch selten
(und dennoch kann man sich erkälten),
Termine werden oft verlegt,
und Treue wird nicht mehr gepflegt.
Der Mensch, um diesem zu entfliehen,
will einen dicken Schlussstrich ziehen
und springt – sein Wille ist nicht schwach –
von einem hohen Häuserdach.
Als er erwacht (im Krankenhaus)
ist er geschockt und lernt daraus:
Selbst auf den Tod (Er kann's nicht fassen!)
kann man sich heut nicht mehr verlassen.

Wenn du jetzt hier wärst

An manchen Tagen fehlst du mir.
Dann wünsche ich, du säßest hier
und würdest von der Welt erzählen
und lauter nette Worte wählen.

Dann wär der Himmel babyblau,
von weißer Watte leicht durchzogen.
Du flüstertest: „Mein Liebster, schau!
Gleich kommt bestimmt das Glück geflogen.“

Zur Antwort würd ich höchstens nicken.
Ich würd den Sonnenschein genießen
und säh dich Gänseblümchen pflücken,
die zwischen grünen Halmen sprießen.

Wir lägen wie im Garten Eden
im Gras und hörten Blätter rauschen.
Du würdest schließlich einfach reden
und *ich* würd deiner Stimme lauschen.

Du würdest die Natur beschreiben,
dich brächt ein Schmetterling zum Lachen,
du sprächest leis: „Hier woll'n wir bleiben.
Hier gibt es lauter hübsche Sachen.“

Dann würdest du von Gott erzählen,
von deinem Ex-Freund und der Welt.
Thematisch würde kaum was fehlen,
von großer Liebe bis zum Geld.

Und schließlich kämst du mit der Zeit
wohl auch auf Politik zu sprechen
und ebenso auf all das Leid,
auf Katastrophen und Verbrechen.

Dann sagtest du mit ernster Stimme,
du könnest das nicht nachvollziehen;
Gewalt und Tod und all das Schlimme,
die immer wieder stark gediehen.

Was sich die Menschen dabei dächten?
Das dürfe nicht so weitergeh'n.
Woher käm bloß der Hang zum Schlechten?
Die Welt sei doch so wunderschön.

Das könnte wirklich jeder sehen,
man bräuchte bloß im Gras zu liegen
wie wir – dann würde man's verstehen
und überall würd's Gute siegen.

Dein Optimismus wäre echt.
Ich ließe dir dein neues Wissen
und sagte: „Ja, du hast wohl Recht"
und würde dich bedächtig küssen.

An manchen Tagen fehlst du mir.
Dann wünsche ich, du säßest hier,
denn hin und wieder, ab und zu,
da wär ich gern naiv wie du.

Ein Zugerlebnis

Ich habe neulich (Samstag ist's gewesen)
bei einer Fahrt im Zug ein Buch gelesen,
doch konnte ich mich kaum drauf konzentrieren;
denn gegenüber saß – vier Jahre alt –
ein Mädchen, dem mein Interesse galt,
das wollt ich aus den Augen nicht verlieren.

Es hatte eine Puppe auf dem Schoß
(so um die 80 Zentimeter groß),
die schimpfte dieses Mädchen ständig aus.
Dann rief es: „Sitz jetzt endlich mal gerade!
Erzieh ich dich umsonst? Das wäre schade.
Und heul nicht rum! Sonst schmeiß ich dich gleich raus!"

Die Mutter dieses Mädchens saß daneben
mit steifem Blick, die Augen ohne Leben,
und hielt das alles scheinbar für normal.
Das Töchterchen kam gar nicht mehr zur Ruhe
und sagte zu der Puppe: „Deine Schuhe
sind ja noch offen! Ist dir das egal?!"

Danach ging's weiter: „Sei mal endlich still!
Hör bitte auf mit dem *Ich will, ich will*!
Und gaff nicht rum – wir sind hier nicht im Zoo!
Lass diese elend blöde Mitleidsnummer!
Du machst der Mama heute nix als Kummer!"
Und dann gab's Schläge auf den Puppen-Po.

Ich legte irgendwann mein Buch beiseite
(was ich im Übrigen schon bald bereute)
und bat, dem Mädchen freundlich zugewandt:
„Spring nicht so hart mit deiner Puppe um;
die Kleine ist doch sicherlich nicht dumm.
Jetzt streichle ihr zum Troste mal die Hand."

Ich habe leider erst zu spät begriffen:
Das hätte ich mir lieber mal verkniffen.
Schon starrte mich das Mädchen wütend an
und sprach: „Wie gut, dass Sie von meinem Kind,
das ich erziehe, nicht der Vater sind!
Für so was braucht man keinen *schwachen* Mann."

Bis *dahin* hatte ich es noch ertragen.
Nun stand ich auf. Ich hatte nichts zu sagen.
Ich wollte nur noch weg von diesen Faxen.
Normalerweise mag ich Kinder sehr,
doch *solche* Fälle sind für mich zu schwer:
Das Mädchen war mir nämlich zu erwachsen.

Der PS-König

Auf der Fahrt von Frankfurt nach Weimar zu rezitieren

Wer rast noch so spät durch Nacht und Winde?
Es ist Kurt-Kevin mit seiner Sieglinde.
Er hält das Lenkrad gar fest in den Händen,
der Porsche saust fort und die Fahrt will nicht enden.

„Sieglinde, was birgst du so bang dein Gesicht?"
„Kurt-Kevin, ach siehst du den Blitzer denn nicht?
Den Blitzer – und schau: Hier ist 30er-Zone!"
„Das interessiert mich, mein Schatz, nicht die Bohne."

Er hat für Bedenken im Hirn keinen Platz,
für *ihn* ist die Fahrt ein Orgasmus-Ersatz.
Vielmehr noch: Er fühlt sich im Rasen bestärkt,
doch bald wird der Porsche von Dritten bemerkt.

„Kurt-Kevin, Kurt-Kevin, und hörest du nicht:
Sirenen ertönen mit hellblauem Licht!"
„Beruhige dich endlich, oh hübsche Sieglinde,
wir kümmern uns nicht um das Bullen-Gesinde!"

Kurt-Kevin bleibt cool und er äußert vulgär:
„Der Wagen gibt viel – nur mein Schwanz gibt noch *mehr*!"
Zwar ist's (unter uns) eine faustdicke Lüge,
doch stecken im Irren stets menschliche Züge.

Es geht immer weiter, sie rasen im Nu
auf einen niedrigen Tunnelbau zu.
Sieglinde mit kreischender Stimme jetzt spricht:
„Kurt-Kevin, das passt von der Höhe her nicht!"

Die Decke des Tunnels den Ausruf beweist,
indem sie das Dach von dem Porsche nun reißt.
Kurt-Kevin jedoch weiß an Lob nicht zu sparen:
„Ich wollte schon immer ein Cabrio fahren."

Dem Mädchen wird schlecht bei der Fahrt durch die Nacht,
denn *ihr* hat das Rasen nur wenig gebracht.
Sieglinde ist grün, doch die Ampel zeigt rot;
Kurt-Kevin folgt somit dem Hirn in den Tod.

Neues aus der Chefetage

Erbost, erregt, so sprach der Firmenboss,
als ihm die Röte ins Gesichte schoss:
„Ich hatte jene Rede lang geprobt,
ich hab darin nur Weniges gelobt,
ich habe Möglichkeiten aufgezeigt,
dem Vorstand meine Meinung mal gegeigt
und die Gefahr der Zukunft auch betont;
von der Kritik blieb niemand hier verschont.
Wie kam es also, dass die Leute lachten
und sich anscheinend drüber lustig machten?"

Da sagte sein Berater ganz betroffen:
„Mein Herr, ich glaub, Ihr Hosenstall ist offen."

Unsportliche Gegner

Der Dieter steht mit seinem Schal
am Samstag gern im Stadion.
Dann ist ihm Manches scheiß-egal –
er grölt auch noch ein Lied davon.

Mit einem Bierglas in der Hand
verfolgt er dort ein Fußballspiel.
Zur Halbzeit geht's zum Würstchenstand
(dort herrscht genauso das Gewühl).

Den Stammplatz in der Gegengrade
hat er seit Jahren fest gebucht,
und ist das Fußballspiel mal fade,
so hört man, wie er lautstark flucht.

Meist hat der Dieter noch zwei Fahnen:
die eine fast so blau wie er;
die andre lässt sich leicht erahnen:
Sie kommt im Atemzug daher.

Auch Olli steht mit einem Schal
als Fan in Dieters Nachbarblock,
doch zeigt er mit der Farbenwahl:
Auf Dieter hat er keinen Bock.

Auch *er* isst Wurst zur Halbzeitpause,
er mag das Bier, das Dieter trinkt,
er grölt bei jeder Fußballsause,
zu der er auch die Fahnen schwingt.

Für *ihn* ist Fußball Religion,
die Regeln kennt er sehr genau,
er singt und ruft in Dieters Ton,
bloß ist der Schal schwarz-gelb statt blau.

Er hat identische Int'ressen
mit Dieter, wie man schließen kann;
doch beide scheinen's zu vergessen,
schrei'n sie im Stadion sich an.

Sie merken die Gemeinsamkeit
erst spät nach jeder Menge Prügel,
verbringen sie nach einem Streit
den Tag im selben Krankenflügel.

So zeigt sich klar am Fußballpatz,
dass Olli (wie auch Dieter) spinnt:
Sie suchen einen Gegensatz,
obwohl sie sich so ähnlich sind.

Zerstörte Harmonie

Er saß mit ihr auf einer Düne,
den Sonnenuntergang bestaunend;
er blickte mit verzückter Miene
aufs Meer und sagte schließlich raunend:

„Willst du mich heiraten, mein Schatz?
Ich liebe dich! Sei *du* mir nah!"
Sie hörte lächelnd diesen Satz
und sagte darauf schüchtern: „Nein."

Er schaute sie entgeistert an.
Sie hatte ihm das Herz gebrochen!
Und *er*, der sehr verliebte Mann,
er hatte sich zu viel versprochen.

Doch dann probierte er's erneut
und sprach zu ihr: „Mein bestes Stück!
Hast du die Antwort schon bereut?"
Sie meinte nur: „Da hast du Pech."

Ihr Tonfall war dabei ganz kühl,
in seinen Ohren klang's fast barsch.
Es war ein schreckliches Gefühl.
Der ganze Abend war kaputt.

Was für ein mieses Frauenzimmer!
So hinterhältig und durchtrieben!
Im Gehen sagte er noch: „Immer
und ewig werde ich dich hassen!"

Er ging verzweifelt, aufgewühlt,
und hätte gerne auf der Stelle
Erinnerungen fortgespült
mit einer hohen Meereswelle.

Das Meer blieb aber ganz entspannt,
es ruhte, wurde beinah still
und so erhielt es elegant
die Illusion von dem Idyll.

Mehr lässt sich hierzu nicht berichten,
denn die zerstörte Harmonie
mit netten Worten schönzudichten,
gelingt selbst einem Dichter selten.

Charakterfrage

Es hieß, er sei ein falscher Hund,
ihm zuzuhör'n, sei ungesund,
er gehe gerne über Leichen,
um seine Ziele zu erreichen,
betreibe ständig Korruption,
behandle jeden Mann mit Hohn,
sei hinterhältig, ein Gelackter,
und wirklich schlecht sei sein Charakter.
Doch Letzteres lässt sich verneinen:
Er hatte nämlich keinen.

Bildungsmängel

Man sollte nicht darüber lästern:
Ein Schüler scheiterte erst gestern
an einem dicken Brockhaus-Band,
weil er den Einschalt-Knopf nicht fand.

Die Altersstarre

Seit dreißig Jahren lehrt Herr Stein
an einer Schule Weltgeschichte
und nebenher auch noch Latein
anhand verstaubter Kriegsberichte.

Er kennt die ganzen Jahreszahlen
und weiß, was wann geschehen ist,
und alte römische Annalen
sind Dinge, die er nie vergisst.

Das Zeug kann er zwar runterbeten,
doch Freude macht's ihm gar nicht mehr.
Herr Stein wirkt ab und zu betreten,
denn alles langweilt ihn so sehr.

Der Grund dafür ist Überdruss.
Wer jahrelang und ohne Paus'
dasselbe unterrichten muss,
dem hängt es bald zum Hals heraus.

Wie schon vor neunundzwanzig Jahren
macht Stein noch heut den Unterricht.
An Neuem will er lieber sparen,
Veränderungen gibt es nicht.

Ihm fehlt die Lust – das ist das Schlimme.
Dies zeigt sich ständig, Tag für Tag.
Er spricht mit monotoner Stimme;
man merkt, dass er sein Fach nicht mag.

Die Schüler haben rasch kapiert:
Steins Unterricht ist öd und fad.
Drum sind sie selten int'ressiert –
sie schlafen oder spielen Skat.

Anmerkung:
Es können manche Stimmungslagen
sich wie ein Virus übertragen.

Der Friedensplan

Herr Müller, der gebildet war,
fand – ganz auf sich allein gestellt –
die Lösung in nur einem Jahr,
für ew'gen Frieden auf der Welt.

Er zeigte Leuten stolz die Seiten,
auf denen handgeschrieben stand,
wie man den Frieden konnt' verbreiten
in aller Welt und jedem Land.

Man fragte ihn: „Was hast du denn
mit deinen Friedensplänen vor?"
Er sprach: „Ich bring sie zur UN.
Dort hat man stets ein off'nes Ohr."

Es stoppte ihn ein Offizier:
„Die Staatsarmee ist ziemlich groß;
und herrscht der Frieden ewig hier,
wird's Militär gleich arbeitslos."

Ein Waffenfabrikant warf ein:
„Auf Frieden kann ich gern verzichten,
denn Bomben werden nutzlos sein,
will niemand mehr ein Land vernichten."

Ein anderer ergänzte diesen:
„Wir sollten alle mal bedenken:
Der Frieden bringt nur Wirtschaftskrisen.
Wir können ihn uns also schenken."

Herr Müller sagte daraufhin:
„Ihr denkt, der Frieden sei verkehrt.
Er macht jedoch auf Dauer Sinn.
Das Wirtschaftsopfer ist der wert."

Man rief: „Du Pazifistenschuft!"
und sprengte im Zerstörungswahn
den armen Müller in die Luft
und mit ihm seinen Friedensplan.

Der Zauberlehrling

Frei nach einer alten Ballade

Hat der gute Gott im Himmel
Sich doch einmal wegbegeben,
Und nun soll das Weltgetümmel
Auch nach meinem Willen leben.
Seine Wort' und Kraft
Merkt' ich und den Brauch.
Dank der Wissenschaft
Tu ich Wunder auch.
Lasst euch nutzen,
Elektronen
Und ihr Ionen,
Dass ich binnen
Kurzer Zeit und ohne Stutzen
Energien kann gewinnen.

Und nun kommet, ihr Atome,
Seid geladen wie noch nie,
Fließt in einem schnellen Strome,
Werdet rasch zu Energie.
Kommt sogleich in Fahrt!
Ohne große Mühen
Bringt den dünnen Draht
In der Lamp' zum Glühen!
Lasst euch nutzen,
Elektronen
Und ihr Ionen,
Dass ich binnen
Kurzer Zeit und ohne Stutzen
Energien kann gewinnen.

Seht, es fließt nun Energie!
Es geschieht, wie ich befohlen.
Sei gelobt, du Batterie
Mit den Plus- und Minus-Polen!
Was sich folgern lässt:
Meine Tat war klug.
Doch ich stelle fest:
Es ist nicht genug!
Ich will gerne
Ohne Mühen
Energien
Rasch erhalten!
Dazu werde ich die Kerne
Der Atome einfach spalten!

Bald ist diese Tat vollbracht,
Jetzt ist gar nichts mehr zu stoppen!
Ich besitze nun die Macht,
Meinen Feind im Krieg zu toppen!
Bomben sollen fliegen,
Oft und massenhaft!
Ja, ich werde siegen!
Spüret meine Kraft!
Doch jetzt reicht es,
Alles sei
Ganz vorbei!
Bomben, schweigt!
Aber das ist gar nichts Leichtes,
Wie sich kurz darauf schon zeigt.

Eine Kettenreaktion,
Die die Kerne weiter spaltet,
Führt zur nächsten Explosion!
Oh, wie wird es abgeschaltet?
Bumm! Es wird zerfetzt,
Was der Herrgott schuf.
Laut und ganz entsetzt
Schallt alsbald mein Ruf:
„Meister, schicke
deinen Rat
und die Tat,
denn du weißt:
Sonst geht deine Welt in Stücke!"
Doch die Antwort Gottes heißt:

„Mensch, ich habe dich gehört.
Einst schuf ich die Erde gut.
Jetzt wird sie von dir zerstört
Durch Gewalt und Waffenflut.
Du verlangst nach mir,
Machst es dir sehr leicht.
Aber was ich dir
Alles mitgab, reicht
Aus zum Handeln.
Mensch, bedenk':
Ein Geschenk
Ist das Land.
Schlecht's in Gutes zu verwandeln
Liegt nun ganz in *deiner* Hand."

Späte Erkenntnis

Wird jemand auf das glatte Eis geführt,
so wird er sich nur selten überlegen,
was ihn aus dieser Lage rasch erlöst,
weil er das Glatteis häufig gar nicht spürt;
bis er – ihm kommt das völlig ungelegen –
beim Fallen mit der Nase darauf stößt.

Bus-Beobachtungen

Man kann bei einer langen Fahrt im Bus,
anstatt gelangweilt vor sich hin zu stieren,
die Zeitgenossen – das ist fast ein Muss –
in aller Ruhe endlich mal studieren.

Ganz vorne sitzt ein Mann mit tiefen Falten
und ernsten, strengen Zügen im Gesicht.
Was soll man bloß von dieser Miene halten?
Eventuell reicht seine Rente nicht.

Er hat nun vor, zum großen Park zu fahren.
Dort steht die Bank, auf der er immer sitzt.
Ich glaub, er fährt die Strecke schon seit Jahren
und weiß wohl selbst nicht, ob ihm das was nützt.

Dahinter sitzen, cool und jugendlich,
drei Jungen, welche von Computern sprechen.
Den Alten stört das, so vermute ich.
Er wirkt, als würd er gern Bill Gates erstechen.

Ein Junge hält ein Handy in der Hand,
probiert die schrillsten Klingeltöne aus.
Die Jugendlichen sind mir längst bekannt.
Sie fahren von der Schule grad nach Haus.

Nicht weit davon sitzt – wie ich sehen kann –
ein Fräulein, stark geschminkt, mit blondem Haar.
Die Zunge steckt im Hals von einem Mann,
der letzte Woche noch ein andrer war.

Das Mädchen fährt sehr oft, soweit ich weiß,
mit einem Kerl zum Shoppen in die Stadt.
Auf neue Schuhe ist sie nämlich heiß,
doch selbst dafür zu zahlen hat sie satt.

Ein Herr im Anzug ist besonders schick
gekleidet. Seine Armbanduhr zeigt drei.
Jetzt fährt er in die Firma wohl zurück,
denn seine Mittagspause ist vorbei.

Führ man am nächsten Tag um diese Zeit
die gleiche Strecke, säh's kaum anders aus.
Erlebst du's einmal, weißt du schon Bescheid.
Der Alltag wiederholt sich ohne Paus.

So siehst du das und fragst dich dann und wann:
Wo endet für die Leute diese Reise?
Es gibt kein Ziel. Sie kommen niemals an.
Wer hier im Bus fährt, der fährt meist im Kreise.

Bahnprobleme

Der Dirk, ein Mensch mit Arbeitsplan,
vertraute auf die Deutsche Bahn,
was er – wie viele andre Leute –
nach langer Wartezeit bereute.

Denn wenn der Job am Morgen rief,
geriet der Dirk ins Stimmungstief
und stand am Bahnsteig auf dem Schlauch
und sich die Beine in den Bauch.

Zwar waren wenige Minuten
an Wartezeit noch zuzumuten,
doch stellte sich recht bald heraus:
Es ging darüber weit hinaus,

weshalb er immer mit den Letzten
bei seinem werten Vorgesetzten
am Morgen im Büro sich zeigte
und somit mancherlei vergeigte.

Dem Chef lag *viel* an Pünktlichkeit,
drum ging's ihm irgendwann zu weit,
dass Dirk zu spät zur Arbeit kam,
oft hieß es: „Sie sind viel zu lahm!"

Dirk nahm das als Beleidigung
und sagte zur Verteidigung:
„Die Bahn ist wieder einmal Schuld,
ich bitte Sie um mehr Geduld!"

Doch weil sein Chef es besser wusste,
kam schließlich das, was kommen musste:
Der Arbeitgeber – angesäuert –
bemerkte knapp: „Sie sind gefeuert!"

Dirks Ärger war entsprechend groß,
jetzt saß er nämlich arbeitslos
und ohne jeden Zukunftsplan
am Straßenrand – dank Deutscher Bahn.

Er wollt sich nicht geschlagen geben,
doch ihm verging die Lust am Leben,
und so beschloss er eines Tages:
„Was hab ich zu verlier'n? Ich wag es!

Mit Würde will ich hier versprechen,
oh Deutsche Bahn, ich werd mich rächen
für die Verspätung jeder Reise:
Ich schmeiß mich morgen auf die Gleise!"

Gesagt, getan. Es war genug.
Er suchte sich den nächsten Zug.
Vollendet wurde die Idee
vor einem Kölner ICE.

Aufgrund des kleinen Zwischenfalls
(das Rollen über einen Hals)
gab's Hürden im Betriebsablauf,
die fielen durch Verspätung auf.

Und *so* begann der Spaß von vorn –
bei andern Chefs, mit gleichem Zorn;
Verspätung wollte keinem passen
und mancher wurd wie Dirk entlassen.

Die meisten Arbeitnehmer sah'n
als Sündenbock die Deutsche Bahn
und wollten Rachepläne schmieden
in Form von Schienen-Suiziden.

Der Tod auf Schienen wiederum
schmiss jeden guten Zeitplan um,
den Arbeitgebern wurd's zu viel …
Na ja, ihr kennt das alte Spiel.

Anmerkung:
Wirfst du dich irgendwann aufs Gleis,
bedenk zuvor den Teufelskreis.

Inspiration im Bett

Du liegst gerade auf dem Rücken,
lässt deinen Unterleib verwöhnen,
hauchst meinen Namen voll Entzücken
und zwischendurch entweicht ein Stöhnen.

Wir fühl'n uns heute vögelfrei,
sind angefüllt mit Fantasien;
ein wilder, lustbetonter Schrei
bestätigt deine Energien.

Als Höhlenforscher dring ich vor
in dunkle, spannende Regionen,
wo mancher Motor Saft verlor –
auch *meine* Spritztour wird sich lohnen.

Die Bergesspitzen habe ich
allein mit Lippen rasch erklommen.
Dort warte ich nicht lang auf dich;
nur kurz – dann bist auch *du* gekommen.

Du bist ein Luder, keine Dame,
und flüsterst: „Hey, ich will jetzt reiten",
denn den Begriff der „Stellungnahme"
weißt du problemlos umzudeuten.

Und während wir's zu Höhen treiben,
schweif ich schon ab aus diesem Zimmer …
Bald werd ich über *dich* was schreiben,
denn Sex zieht ja bekanntlich immer

bei einem jeden Publikum,
das bloße Unterhaltung sucht.
Die Masse nähme Anspruch krumm,
sie liebt es billig und verrucht.

Drum sollte jeder Schreiber wissen,
will er das Publikum verstehen:
Die Muse darf ihn nicht nur küssen,
sie hat mit ihm ins Bett zu gehen!

Die Masse will es animalisch,
so inspiriert mich dein Gestöhne.
Fürs Publikum klingt's musikalisch,
Erfolg hat nämlich das Obszöne.

„Noch mal von vorn", sagst du erregt
und ich umfasse deinen Po.
Ich hab dich heute flachgelegt,
genauso flach wie das Niveau.

Wichtige Voraussetzung

Oft hört man euch verbittert klagen:
„Wer antwortet auf unsre Fragen?"
Wie wär's, wenn ihr – so schwer's euch fällt –
zuerst ganz klar die Fragen *stellt*?

Nur Mut

Ist zerstört, was lange hielt?
Trotzdem sollst du dich erheben!
Auch, wer sich geschlagen fühlt,
muss sich nicht geschlagen geben.

Der Kuchen

Ein Vogelschwarm flog durch die Luft,
um frische Nahrung sich zu suchen,
die Tiere folgten einem Duft
und fanden schließlich einen Kuchen.

Er war in Kürze ausgemacht
und stand – zum Greifen nah in Sicht –
in einem Haus, ganz unbewacht,
Gefahren gab es scheinbar nicht.

Die Vögel witterten im Nu
ein Festmahl, das sich wirklich lohnte,
und schossen auf das Häuschen zu,
in dem das frische Futter thronte.

Doch sie versprachen sich zu viel
und fühlten sich auch glatt betrogen,
als sie dann kurz vor ihrem Ziel
noch gegen eine Scheibe flogen.

Anmerkung:
Als ob der Durchblick reichen würde!
Meist übersieht man eine Hürde.

Glück

Wenn alles, was du spürst, ist gut,
und wenn dein Lebensweg dir passt,
wenn innerlich die Seele ruht,
und wenn dich der Moment umfasst,
durchdringt dich ganz für eine Zeit
die göttliche Vollkommenheit.

Sie schläft

Sie hat sich auf die Couch gelegt
und wie ein Kätzchen eingerollt,
und wenn sie sich mal kurz bewegt,
dann nur im Traum und ungewollt.

Ihr Kopf ruht auf der Sofalehne,
der Brustkorb hebt und senkt sich leicht;
in ihre Stirn fällt eine Strähne,
die bis zur Nasenspitze reicht.

So findet er sie schlafend liegen,
als leise er den Raum betritt.
Er ist erschöpft; die Glieder wiegen,
als trügen sie Gewichte mit.

Für zwei Momente hält er inne,
bleibt nun am Sofa vor ihr stehen.
Er ordnet langsam seine Sinne,
um unverwandt sie anzusehen.

Dem Atem lauscht er wie sonst nie,
verharrt, betrachtet sie noch lange.
Er setzt sich schließlich neben sie
und streichelt über ihre Wange.

Er spürt vertraute Wärme fließen,
will nicht von ihrer Seite weichen
und möchte einfach nur genießen,
das Haar aus ihrer Stirn zu streichen.

Sie atmet leise und entspannt,
die Augenlider sind geschlossen.
Ihn hat die Ruhe übermannt,
was ihn beschwerte, scheint verflossen.

Sie schläft. Er fühlt sie bei sich liegen,
er sieht ihr Lächeln und vergisst
den Lärm von harten Alltagskriegen;
und er erkennt, was Frieden ist.

Wir lebten intensiv wie nie

Wir lebten intensiv wie nie
beim Lachen, Denken und Erzählen,
mit Witz, Verstand und Fantasie
und niemand wollte anders wählen.

Da gab es nichts mehr abzurunden,
wie jeder, der dabei war, weiß.
Die Punkte hatten sich gefunden
und fügten sich zu einem Kreis.

Wir dachten gern gemeinsam nach,
wir konnten nachts auf Dächern liegen.
Und wenn die Stille einmal sprach,
dann sagten wir halt nichts und schwiegen.

Ein tiefes Glück, das man empfand!
Und keine Grenze schränkte ein!
Es war der Geist, der uns verband,
und uns durchdrang das pure Sein.

Wir kannten uns schon lange Zeit,
bevor die Wege sich berührten,
weil wir schon eine Ewigkeit
die jeweils andern in uns spürten.

Die Prägung wird für immer bleiben
durch das Vertrauen, das uns trug.
Als Wort, das Ganze zu beschreiben,
ist nur die „Liebe" stark genug.

Wir lebten intensiv wie nie
in einem windbewegten Meer
aus Witz, Verstand und Fantasie;
und deshalb fehlt ihr mir so sehr.

Treffen der Generationen

Das Alter spricht zur Jugend:

Ihr denkt, ihr hättet es verstanden
und greift nach einem großen Plan.
Ihr sucht die Welt, die *wir* nie fanden,
obwohl wir sie als Ziel stets sah'n.

Ihr seid erfüllt von Tatendrang,
in allen Adern spürt ihr Kraft.
Was *uns*, so meint ihr, nicht gelang,
das wird von *euch* schon bald geschafft.

Das Ideal, nach dem ihr strebt,
wollt ihr unendlich oft vermehren,
doch wird die Welt, in der ihr lebt,
euch eines Anderen belehren.

Denn eure Ziele sind nicht neu.
Es gab sie schon zu uns'rer Zeit.
Wir folgten ihnen ohne Scheu
und deshalb wissen wir Bescheid.

Vor vielen Jahren haben wir
uns vor dem Zeitgeist aufgebäumt
und haben – ganz genau wie ihr –
von der Vollkommenheit geträumt.

Wir waren jung, wir war'n verwegen
und hatten uns're Zeit im Blick.
Sie schlug uns aber hart entgegen –
wir sind gescheitert; Stück für Stück.

Jetzt geht ihr dort, wo wir einst gingen;
die beiden Bilder sind fast gleich.
Wird *euch*, was uns misslang, gelingen?
Die Chancen stehen gegen euch.

Denn voll von hinderlichen Steinen
ist jener lange Weg zum Ziel.
Bedenkt: Veränderung im Kleinen
bedeutet hier bereits sehr viel.

Ihr denkt, ihr hättet es verstanden.
Wir aber sagen euch: Ihr irrt.
Ihr sucht die Welt, die wir nie fanden
und die man niemals finden wird.

Die Jugend antwortet:

Ihr glaubt, ihr hättet längst gesehen,
was sich an Wissen sehen lässt,
doch muss die Zukunft erst geschehen;
wir zeigen euch: Es steht nichts fest.

Ganz sicher habt ihr viel begriffen
und manchen klugen Satz entdeckt,
ihr habt verbessert und geschliffen –
wir zollen euch dafür Respekt.

Das soll jetzt aber nicht bedeuten,
dass wir euch göttergleich verehren;
denn ständig folgen neue Zeiten.
Man kann nicht bloß vom Alten zehren.

Entwicklung prägt die Lebensleiter,
es wächst ja alles permanent.
Kein Stillstand – immer geht es weiter,
dank dessen, was sich Jugend nennt.

Ein Stein kommt auf den nächsten Stein,
so wird an Künftigem gebaut.
Von Zeit zu Zeit bricht etwas ein,
und Neues folgt, dem man vertraut.

Seht selbst: Wir lassen uns nicht hängen;
der Geist der Jugend will sich regen!
Wir kommen nicht, um zu verdrängen,
stattdessen wollen wir bewegen.

Ein Scheitern steht nicht zur Debatte,
denn selbstbewusst ist unser Plan,
den mancher zwar schon früher hatte,
doch Zweifel stoppen den Elan.

So wird die Welt uns nicht dran hindern,
mit Mut und Kraft nach vorn zu blicken.
Vielleicht wird einmal euren Kindern
der letzte Schritt zum Ziele glücken.

Ihr glaubt, ihr hättet längst gesehen,
was ist und war und kommen wird,
doch muss die Zukunft erst geschehen;
wie wär's, wenn ihr euch diesmal irrt?

Die Weisheit merkt an:

Ihr beide meint, ihr hättet Recht
und streitet fleißig um die Wette
in einem heißen Wortgefecht,
als ob man schon die Wahrheit hätte.

Die Sichten aber sind beschränkt;
so mancher Mensch vergisst in Eile,
wie man den Blick zur Seite lenkt,
das *Ganze* sieht, nicht bloß die Teile.

Denn Teile, wie Erfahrung lehrt,
sind hierbei keinesfalls zu trennen.
Wer's dennoch tut, dem bleibt verwehrt,
Zusammenhänge zu erkennen.

Und war'n euch diese nie bewusst,
ist abzuseh'n, wohin es führt,
wird (ohne Rücksicht auf Verlust)
ein Mechanismus ignoriert.

Gefahren lauern im Beschränken,
wie konsequente Fragen zeigen:
Was nützt dem Alter alles Denken,
will es am Ende lieber schweigen?

Zu welchem Zweck der Jugend Stärke,
wenn sie ums Risiko nicht weiß?
Wozu der Plan für große Werke,
schließt sich letztendlich nicht der Kreis?

Was hat das Alter von den Jahren,
wenn sie im Nachhinein nichts nützen?
Was bringt die Suche nach dem Wahren,
will sie nicht jeder unterstützen?

Die Zukunft dürft ihr nicht verderben;
gleich einem Baum ist sie bedroht:
denn ohne Wurzeln muss sie sterben
und ohne Knospen *ist* sie tot.

Ihr beide meint, ihr hättet Recht
und seid vom Ziel doch weit entfernt.
Alleine bleibt ihr stets geschwächt;
gestärkt ist, wer vom andern lernt

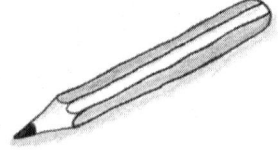

Im Lektora-Verlag erschienen

Sebastian 23

Ein Kopf verplichtet uns zu nichts

Sebastian 23 ist einer der bekanntesten und erfolgreichsten Poetry Slammer Deutschlands und trägt eine Mütze.
Seit 2003 hat er sich dieser Form der live vorgetragenen Literatur verschrieben und ist damit im gesamten deutschsprachigen Gebiet aufgetreten, u. a. bei der Frankfurter Buchmesse, im Schauspielhaus Hamburg und im Berliner Admiralspalast.
2008 wurde er deutschsprachiger Meister und Vizeweltmeister im Poetry Slam, gewann die renommierte St. Ingberter Pfanne, trat bei TVTotal, Nightwash und im QuatschComedyClub auf und ist zudem nominiert für den Literaturpreis des Landes NRW. Außerdem erlangte er bei einer Aral-Tankstelle in der Nähe von Büttelborn vier Bonuspunkte beim Erwerb eines Schokoriegels.
Seine Texte sind in zahlreichen Anthologien veröffentlicht (u. a. bei Reclam und S. Fischer) und sein Debüt-Buch „Ein Kopf verpflichtet uns zu nichts" erschien Ende 2008.
Und 2009 geht er mit seinem ersten Solo-Programm auf Tour. Es heißt „Gude Laune hier!" und es handelt von den Tücken, mit denen man als Dichter und Philosoph so im Alltag zu kämpfen hat.
Zum Beispiel Kaffee.
Und Mützen.
Und Wiederholungen.

ISBN 3-938470-20-8

€ 12,80

www.lektora-verlag.de

Im Lektora-Verlag erschienen

Andreas Weber

Rotes Sofa

„Annegret, oh, Annegret, denken wir, sitzen auf unserem roten WG-Sofa, schauen Kung-Fu-Filme und rauchen uns die Hütte zu. Wir machen uns wirklich Sorgen. Annegret ist unsere Mitbewohnerin und in einer Werbepause bemerken wir erstaunt, dass sie nicht ist, wo sie eigentlich hingehört – auf unser rotes Sofa –, und mit uns Kung-Fu-Filme schaut. Nein, Annegret ist verschwunden und sie ist nicht nur einfach nicht da, sie wurde auch seit längerem nicht mehr gesehen. Und klar, da fragen wir uns schon – als gute Mitbewohner macht man so was –, wo die Alte denn stecken könnte."

Andreas Webers Debüt erzählt von der Koexistenz des Ungewöhnlichen und dem Gewöhnlichen. Er sinniert über Alltagssituationen, die er zugleich anekdotisch mit einem gerüttelten Maß an ungeschönter Wahrheit dekoriert. All dies garniert Weber mit viel Humor und einer faszinierenden Leichtigkeit, die dem Leser so manches Mal die Röte ins Gesicht steigen lässt.

ISBN 3-938470-16-X

€ 13,90

www.lektora-verlag.de

Im Lektora-Verlag erschienen

Micha-El Goehre

Hanna und die Ritter

„Ich atmete schwer ein und beschloss, mein Herz zu befragen. Mit geschlossenen Augen lauschte ich in mich hinein, tief hinein. Doch alles, was es mir zu sagen hatte, war sein gottlob ständiges Bum-Bum, in einem immer gleichen Rhythmus, mal schneller, mal langsamer. Im Augenblick war es etwas langsam. Sollte das heißen, dass auch mein Herz traurig war? Oder sollte es nicht eher juchzen und springen, schlagen mit dem Takt eines Flugzeugpropellers beim Gedanken an Hannah?"

Hannah und die Ritter erzählt von einer tiefen Freundschaft zwischen einem Jungen und einem Mädchen, die sich nach und nach zu einer jungen Liebe entwickelt. In wunderschönen sprachlichen Bildern beschreibt Micha-El Goehre die ersehnten Träume, die ausschweifenden Jugendwünsche und die schneeweißen Luftschlösser der Jugend. Realität und Fantasie verschmelzen auf elegante Art und Weise miteinander. Mit der einsetzenden Judenverfolgung im 3. Reich wird diese Liebe wieder in die Realität zurückgeholt, auseinander gerissen und es beginnt eine wehmütige Suche nach   dem Glück.

ISBN 3-938470-15-1

€ 9,90

www.lektora-verlag.de

Im Lektora-Verlag erschienen

Mischaël-Sarim Vérollet

Phantomherz

„Die Silberfische starren mich verunsichert an. Ich kann ihre Augen zwar nicht sehen – ich weiß noch nicht einmal, ob sie Augen haben –, aber sie starren mich definitiv an [...] Ich zwinkere ihnen zu. Ich möchte nicht, dass sie Angst vor mir haben. Schließlich weiß ich ja nicht, wie lange ich hier noch liegen werde."

Mischaël-Sarim Vérollet, Jahrgang 1982, versammelt hier 19 Nichtalltags-Anekdoten zwischen Wortwahn und Wortwitz, Kopfkino und Popliteratur, bitterböser Realsatire und tragikomischer Provinzneurose. Ein voyeuristischer Blick auf das Leben und die Liebe – durch eine rosarote Brille, die in Trümmern auf dem Boden der Tatsachen liegt.

ISBN 3-938470-02-X

€ 12,00

www.lektora-verlag.de